SPANISH SHORT STORIES FOR BEGINNERS VOLUME 2

8 *MORE* UNCONVENTIONAL SHORT STORIES TO GROW YOUR VOCABULARY AND LEARN SPANISH THE FUN WAY!

OLLY RICHARDS

Spanish Short Stories for Beginners Volume 2: *8 More Unconventional Short Stories to Grow Your Vocabulary and Learn Spanish the Fun Way!*

ISBN-978-1522741008

ISBN-1522741003

Free Masterclass:

How To Read Effectively In A Foreign Language

As a special thank you for investing in this book, I invite you to attend a FREE online workshop. You'll learn my advanced techniques for effective reading, so you can make the most of these stories.

To register for the workshop, simply visit:

http://iwillteachyoualanguage.com/readingmasterclass

Books in this Series

Spanish Short Stories For Beginners

Spanish Short Stories For Beginners Volume 2

German Short Stories For Beginners

Italian Short Stories For Beginners

Italian Short Stories For Beginners Volume 2

Russian Short Stories For Beginners

French Short Stories For Beginners

English Short Stories For Intermediate Learners

Spanish Short Stories For Intermediate Learners

Italian Short Stories For Intermediate Learners

This title is also available as an audiobook

For more information visit:

http://iwillteachyoualanguage.com/amazon

Table of Contents

Preface

In many ways, *Spanish Short Stories For Beginners* is the book I wish I had when I started learning Spanish. As a lover of books, I was often frustrated by a lack of material that was not only suitable for me as a beginner, but also engaging and interesting to read. In short, books that would help me learn Spanish and leave me wanting more.

Shortly after publication, *Spanish Short Stories For Beginners* became an international bestseller. I soon began receiving emails asking for a second volume. It is, therefore, with great pleasure that I present Volume Two of these unconventional short stories.

Inside, you will find eight captivating new stories which follow the format of the first volume, with short chapters, helpful vocabulary lists, and regular plot summaries. For those of you who own Volume One, you will also notice the introductory material on reading techniques has been kept the same, for the benefit of new readers.

It has been great fun creating *Spanish Short Stories For Beginners Volume Two*, and I hope you enjoy it just as much as the first!

Introduction

This book is a collection of eight unconventional and entertaining short stories in Spanish. Written especially for beginners and low-intermediate learners, equivalent to A1-A2 on the Common European Framework of Reference, they offer a rich and enjoyable way of improving your Spanish and growing your vocabulary.

Reading is one of the most effective ways to improve your Spanish, but it can be difficult to find suitable reading material. When you are just starting out, most books are too difficult to understand, contain vocabulary far above your level, and are so lengthy that you can soon find yourself getting overwhelmed and giving up.

If you recognise these problems then this book is for you. From science fiction and fantasy to crime and thrillers, there is something for everyone. As you dive into these eight unique and well-crafted tales, you will quickly forget that you are reading in a foreign language and find yourself engrossed in a captivating world of Spanish.

The learning support features in the stories give you access to help when you need it. With English definitions of difficult words, regular recaps of the plot to help you follow along, and multiple-choice questions for you to check important details of the story, you will quickly absorb large amounts of natural Spanish and find yourself improving at a fast pace.

Perhaps you are new to Spanish and looking for an entertaining challenge. Or maybe you have been learning for a while and simply want to enjoy reading whilst growing your vocabulary. Either way, this book is the biggest step forward you will take in your Spanish this year.

So sit back and relax! It's time to let your imagination run wild and be transported into a magical Spanish world of fun, mystery, and intrigue!

About the Stories

A sense of achievement and a feeling of progress are essential when reading in a foreign language. Without these, there is little motivation to keep reading. The stories in this book have been designed with this firmly in mind.

First and foremost, each story has been kept to a manageable length and broken down into short chapters. This gives you the satisfaction of being able to finish reading what you have begun, and come back the next day wanting more! It also reduces the extent to which you feel overwhelmed by how much you have left to learn when starting to learn Spanish.

The linguistic content of the stories is as rich and as varied as possible, whilst remaining accessible for lower-level learners. Each story belongs to a different genre in order to keep you entertained, and there are plenty of dialogues throughout, giving you lots of useful spoken Spanish words and phrases to learn. There is even a deliberate mix of tenses from one story to the next, so that you get exposure to common verbs in a mixture of past, present and future verb forms. This makes you a more versatile and confident user of Spanish, able to understand a variety of situations without getting lost.

Many books for language learners include English translations for the entire story, known as parallel texts. Although these can be popular, parallel texts have the major disadvantage of providing an "easy option". Learners inevitably find themselves relying on the English translation and avoiding the "struggle" with the original Spanish text that is necessary in order to improve. Consequently, instead of including a parallel text, *Spanish Short Stories for Beginners Volume 2* supports the reader with a number of learning aids that have been built directly into the stories.

Firstly, difficult words have been bolded and their definitions given in English at the end of each chapter. This avoids the need to consult a dictionary in the middle of the story, which is cumbersome and interrupts your reading. Secondly, there are regular summaries of the plot to help you follow the story and make sure you haven't missed anything important. Lastly, each chapter comes with its own set of comprehension questions to test your understanding of key events and encourage you to read in more detail.

Spanish Short Stories for Beginners Volume 2 has been written to give you all the support you need, so that you can focus on the all-important tasks of reading, learning and having fun!

How to Read Effectively

Reading is a complex skill, and in our mother tongue we employ a variety of micro-skills to help us read. For example, we might *skim* a particular passage in order to understand the gist. Or we might *scan* through multiple pages of a train timetable looking for a particular time or place. If I lent you an Agatha Christie novel, you would breeze through the pages fairly quickly. On the other hand, if I gave you a contract to sign, you would likely read every word in great detail.

However, when it comes to reading in a foreign language, research suggests that we abandon most of these reading skills. Instead of using a mixture of micro-skils to help us understand a difficult text, we simply start at the beginning and try to understand every single word. Inevitably, we come across unknown or difficult words and quickly get frustrated with our lack of understanding.

Providing that you recognise this, however, you can adopt a few simple strategies that will help you turn frustration into opportunity and make the most of your reading experience!

* * *

You've picked up this book because you like the idea of learning Spanish with short stories. But why? What are the benefits of learning Spanish with stories, as opposed to with a textbook? Understanding this will help you determine your approach to reading.

One of the main benefits of reading stories is that you gain exposure to large amounts of natural Spanish. This kind of reading for pleasure is commonly known as *extensive reading*. This is very different from how you might read Spanish in a textbook. Your textbook contains short dialogues, which you read in detail with the aim of understanding every word. This is known as *intensive reading*.

To put it another way, while textbooks provide grammar rules and lists of vocabulary for you to learn, stories show you natural language *in use*. Both approaches have value and are an important part of a balanced approach to language learning. This book, however, provides opportunities for extensive reading. Read enough, and you'll quickly build up an innate understanding of how Spanish works - very different from a theoretical understanding pieced together from rules and abstract examples (which is what you often get from textbooks).

Now, in order to take full advantage of the benefits of extensive reading, you have to actually read a large enough volume in the first place! Reading a couple of pages here and there may teach you a few new words, but won't be enough to make a real impact on the overall level of your Spanish. With this in mind, here is the thought process that I recommend you have when approaching reading the short stories in this book, in order to learn the most from them:

1. Enjoyment and a sense of achievement when reading is vitally important because it keeps you coming back for more
2. The more you read, the more you learn
3. The best way to enjoy reading stories, and to feel that sense of achievement, is by reading the story from beginning to end

4. Consequently, reaching the end of a story is the most important thing... more important than understanding every word in it!

This brings us to the single most important point of this section: **You must accept that you won't understand everything you read in a story.**

This is completely normal and to be expected. The fact that you don't know a word or understand a sentence doesn't mean that you're "stupid" or "not good enough". It means you're engaged in the process of learning Spanish, just like everybody else.

So what should you do when you don't understand a word? Here are a few ideas:

1. Look at the word and see if it is familiar in any way. If English is your mother tongue, there are often elements of Spanish vocabulary that will be familiar to you. Take a guess - you might surprise yourself!
2. Re-read the sentence that contains the unknown word a number of times over. Using the context of that sentence, and the rest of the story, try to guess what the unknown word might mean. This takes practice, but is often easier than you think!
3. Make a note of the word in a notebook, and check the meaning later
4. Sometimes, you might find a verb that you know, conjugated in an unfamiliar way. For example:

   hablar - to speak

   hablarán - they will speak

hablase - speak (subjunctive)

You may not be familiar with this particular verb form, or not understand why it is being used in this case, and that may frustrate you. But is it absolutely necessary for you to know this right now? Can you still understand the gist of what's going on? Usually, if you have managed to recognise the main verb, that is enough. Instead of getting frustrated, simply notice how the verb is being used, and then carry on reading!

5. If all the other steps fail, or you simply "have to know" the meaning of a particular word, you can simply turn to the end of the chapter and look it up in the vocabulary list. However, this should be your last resort.

The previous four steps in this list are designed to do something very important: to train you to handle reading independently and without help. The more you can develop this skill, the better able you'll be to read. And, of course, the more you can read, the more you'll learn.

Remember that the purpose of reading is not to understand every word in the story, as you might be expected to in a textbook. The purpose of reading is to enjoy the story for what it is. Therefore if you don't understand a word, and you can't guess what the word means from the context, simply try to keep reading. Learning to be content with a certain amount of ambiguity whilst reading a foreign language is a powerful skill to have, because you become an independent and resilient learner.

The Six-Step Reading Process

1. Read the first chapter of the story all the way through. Your aim is simply to reach the end of the chapter. Therefore, do not stop to look up words and do not worry if there are things you do not understand. Simply try to follow the plot.

2. When you reach the end of the chapter, read the short summary of the plot to see if you have understood what has happened. If you find this too difficult, do not worry.

3. Go back and read the same chapter again. If you like, you can read in more detail than before, but otherwise simply read it through one more time.

4. At the end of the chapter, read the summary again, and then try to answer the comprehension questions to check your understanding of key events. If you do not get them all correct, do not worry.

5. By this point, you should start to have some understanding of the main events of the chapter. If you wish, continue to re-read the chapter, using the vocabulary list to check unknown words and phrases. You may need to do this a few times until you feel confident. This is normal, and with each reading you will gradually build your understanding.

6. Otherwise, you should feel free to move on to the next chapter and enjoy the rest of the story at your own pace, just as you would any other book.

At every stage of the process, there will inevitably be words and phrases you do not understand or cannot remember. Instead of worrying, try to focus instead on everything that you *have* understood, and congratulate yourself for everything you have done so far.

Most of the benefit you derive from this book will come from reading each story through from beginning to end. Only once you have completed a story in its entirety should you go back and begin the process of studying the language from the story in more depth.

Anexos en cada capítulo

- Resumen
- Vocabulario
- Preguntas de elección múltiple
- Soluciones

Appendices to each chapter

- Summary
- Vocabulary
- Multiple-choice questions
- Answers

CUENTOS

1. El Castillo

Capítulo 1 – El detective

Esta es la historia del caso más importante del detective Morgan. El detective Morgan era un hombre muy **alto** y muy **fuerte**. Tenía el pelo negro y un poco largo. El detective trabajaba resolviendo **crímenes** y otros casos. Trabajaba desde hace muchos años en resolver crímenes. Vivía en una ciudad muy **apartada**. Era una ciudad pequeña pero siempre había casos por **resolver**.

Él siempre entraba a trabajar a las 8 de la mañana. Un martes, se levantó de la cama y fue a la cocina. Preparó su café con un nuevo café que había comprado en la nueva tienda de la **esquina**. La nueva tienda de la esquina vendía productos **extranjeros**. A Morgan le gustaba mucho probar **sabores** nuevos y **por eso** siempre compraba allí.

Abrió el armario y sacó una taza para echar el café. Después, abrió la nevera, sacó la leche y la echó en el café. Se sentó en la mesa de la cocina. Mientras bebía su café, leía el **periódico**. No había nada interesante, como siempre. Las noticias del periódico de la ciudad eran aburridas. Cuando pasó varias páginas, encontró algo:

—¡Vaya! —dijo Morgan con el periódico en la mano— ¡Esto es increíble!

Morgan estaba leyendo el periódico. Leyó un artículo que le interesaba. El artículo hablaba sobre un **castillo** a las **afueras** de la ciudad. El castillo era un edificio muy

antiguo y muy grande. El **dueño** del castillo era un señor con muchísimo dinero. Este señor se llamaba Harrison.

–**¡No me lo puedo creer!** –dijo Morgan mientras leía el artículo.

El artículo decía que en el castillo había ocurrido algo. Había ocurrido algo malo. No acabó de leer el artículo ni de beber el café, pero **sonó el teléfono** de su casa.

–**¡Qué casualidad!**

Morgan se levantó y habló con su jefe.

–Buenos días, Morgan.
–Buenos días, jefe. ¿Qué noticias hay?
–Necesito que vengas al **despacho**.
–¿Ha ocurrido algo?

Morgan preguntaba si había ocurrido algo porque era una ciudad tranquila, pero el artículo del periódico era algo importante y **relacionado** con eso.

–Sí, Morgan. ¿Sabes lo que ha ocurrido?
–No, no lo sé.
–Nosotros tampoco. ¿Has leído el artículo del periódico?
–Sí, he leído algo.
–Necesito que vengas al despacho ya. **¡Deprisa!**
–Estoy en camino.

Morgan colgó el teléfono y cogió su **abrigo**. Su abrigo era negro y muy largo, casi le llegaba al **suelo**. Le gustaba porque abrigaba mucho cuando hacía frío en invierno. Salió de su casa y entró en su coche. **Arrancó el coche** y se dirigió al despacho.

El despacho estaba en otra parte de la ciudad, lejos de donde él vivía. Era menos tranquilo y había más gente, pero seguía siendo una zona tranquila. Morgan **se bajó del coche** y vio la puerta de su despacho. Allí, estaba el **guardia de seguridad**. Le dijo a Morgan:

−Buenos días, señor. Bienvenido.
−Hola, buenos días, gracias −dijo Morgan.

El detective entró en el edificio. Dentro, la gente estaba **nerviosa**. Trabajaban mucho y muy deprisa. Algo importante estaba pasando seguro.

Morgan subió las escaleras y pasó por varios despachos. Al final, vio su puerta y llegó a ella. En la puerta había un **letrero** con su nombre. Antes de entrar, el jefe lo vio y le dijo:

−¡Morgan, aquí!

El jefe quería que el detective entrase en su despacho, así que entró.

−Siéntate −le dijo el jefe.

Morgan se sentó en la silla del despacho del jefe. El jefe empezó a hablar:

−Vale. Buenos días de nuevo. **Vamos a hablar** sobre este asunto.
−¿Qué asunto? −dijo el detective.
−El periódico ha escrito un artículo, pero todavía no saben qué pasa.
−¿Y usted lo sabe, jefe?
−Sí, por eso te he hecho venir al despacho.

El detective notó que su jefe estaba algo nervioso, pero no preguntó. Simplemente siguió la conversación.

—Entiendo, ¿qué es lo que ocurre, jefe? ¿Ha ocurrido algo importante?

—Sí, Harrison ha vuelto al castillo.

Morgan se quedó pensando. Eso no era importante. Era algo normal. Inusual, pero normal. A veces, volvía al castillo y pasaba varios días allí. Después se iba y dejaba el castillo cerrado.

—Pero jefe, eso es algo normal.

—Sí, es algo normal.

—¿Entonces? No entiendo.

—Siempre que Harrison vuelve al castillo, se vuelve a ir en una semana. Y sigue allí.

El detective Morgan no veía nada raro. ¿Por qué tanto misterio?

—Sigo sin entender nada.

—Han oído **gritos** en el castillo.

—¿Gritos?

—Sí, detective. Seguramente gritos de Harrison. Algo ha pasado en el castillo, o está pasando. No sabemos qué está pasando pero seguro que nada bueno.

—Si hay gritos, no puede ser nada bueno.

—Exacto, detective. Y queremos que tú vayas al castillo a investigar.

—¿Por qué yo?

—Eres nuestro mejor detective. Queremos que vayas al castillo y resuelvas el asunto. Ten mucho cuidado, puede haber mucho peligro.

El detective Morgan no tenía **miedo**. Era un hombre muy **valiente** y muy **preparado** para este tipo de situaciones. El jefe siguió hablando:

—Coge tu coche y ve al castillo antes de que se haga de noche. Busca a Harrison y vuelve. Queremos saber qué pasa en el castillo.

—Está bien. ¿**Desea algo más**, jefe?

—Nada más. Es todo. Coge tu pistola y repito: **ten mucho cuidado**.

—Lo tendré.

Morgan se levantó de la silla y se despidió de su jefe. Salió del despacho, del edificio y entró de nuevo en su coche. Se llevó su abrigo con él. Arrancó el coche y se dirigió al **bosque** cercano. Allí, había una carretera que llevaba al castillo.

Anexo del capítulo 1

Resumen

El detective Morgan trabajaba en una ciudad muy tranquila. Un día, leyó el periódico y había un artículo interesante: había ocurrido algo en el castillo de las afueras. El jefe lo llama por teléfono para ir a trabajar. El jefe le cuenta que el dueño del castillo, Harrison, ha desaparecido y ha habido gritos. Quiere que Morgan visite el castillo.

Vocabulario

- **alto** = tall
- **fuerte** = strong
- **los crímenes** = crimes
- **apartada** = remote
- **resolver** = solve
- **la esquina** = corner
- **extranjeros** = foreign
- **los sabores** = taste, flavour
- **por eso** = for that reason, that's why
- **el periódico** = newspaper
- **el castillo** = castle
- **las afueras** = outskirts
- **antiguo** = ancient
- **el dueño** = owner
- **¡No me lo puedo creer!** = I can't believe it!
- **sonó el teléfono** = the telephone rang
- **¡Qué casualidad!** = What a coincidence!
- **despacho** = office
- **relacionado** = related
- **¡Deprisa!** = Quickly!

- **el abrigo** = coat
- **el suelo** = floor
- **arrancó el coche** = started the car
- **se bajó del coche** = got off the car
- **el guardia de seguridad** = security guard
- **nerviosa** = nervous
- **el letrero** = sign
- **vamos a hablar** = we're going to talk
- **los gritos** = screams
- **el miedo** = fear
- **valiente** = brave
- **preparado** = qualified, trained
- **¿Desea algo más?** = Would you like anything else?
- **ten mucho cuidado** = be very careful
- **bosque** = forest

Preguntas de elección múltiple
Seleccione una única respuesta por cada pregunta

1. La ciudad donde vive el detective es:
    a. Ruidosa
    b. Tranquila
    c. Es una ciudad muy grande
    d. Es una granja

2. El detective Morgan bebe:
    a. Cerveza
    b. Cacao
    c. Agua
    d. Café

3. El dueño del castillo:
    a. Vive siempre allí
    b. Lo visita pocas veces
    c. Lo visita muchas veces
    d. Es desconocido

4. Morgan tiene un despacho propio:
    a. Es correcto
    b. No es correcto

5. El jefe le dice a Morgan:
    a. Ve a casa
    b. Ve al despacho
    c. Ve al castillo

Soluciones capítulo 1

1. a
2. d
3. b
4. a
5. c

Capítulo 2 – El segundo coche

El detective Morgan **condujo** su coche por el bosque. El bosque tenía una carretera muy pequeña. Esa carretera pequeña estaba en malas condiciones. Era una carretera que **nunca se usaba mucho**. Sólo se usaba para ir al castillo de Harrison. El **ayuntamiento** de la ciudad no **arreglaba** la carretera.

El detective tenía frío, así que encendió la calefacción del coche. El día estaba **oscureciendo**. La carretera se veía, pero muy poco. Encendió los **faros** del coche para poder ver mejor.

Morgan no sabía qué iba a encontrar en el castillo. El jefe no sabía qué pasaba allí. El artículo del periódico decía que algo estaba pasando. Nadie sabía nada. Morgan iba a **descubrirlo**. Tenía la pistola en la funda **por si acaso**. También tenía un teléfono móvil para hablar con su jefe. Encendió el teléfono móvil y llamó a su jefe.

El teléfono del despacho del jefe sonó. Él lo cogió y le dijo:

–Morgan, ¿dónde estás?

El detective activó el **manos libres** para poder hablar con su jefe mientras conducía. No quería **distraerse**. Hablar por el móvil provocaba muchos **accidentes** y no quería tener uno.

–¿Morgan? –repitió el jefe.

Por fin, el detective activó el manos libres y le respondió a su jefe.

—Hola, jefe. Disculpe, estaba activando el manos libres.

—**No pasa nada**. Dime, ¿dónde estás?

—**Estoy yendo** al castillo. Todavía no he llegado.

—¿Estás yendo por la carretera pequeña?

—Sí, estoy conduciendo por la carretera pequeña. Está en muy malas condiciones. Mi coche hace ruidos raros.

El jefe se rió por lo bajo.

—Vale, Morgan. Ten cuidado. No cuelgues el teléfono. Deja el manos libres activado. ¿Tienes **suficiente** batería?

—Sí, mi teléfono está **cargado al 100%**.

—Perfecto, continúa el viaje.

El detective siguió conduciendo y vio el castillo a lo lejos.

—Jefe, estoy viendo el castillo.

—Perfecto. Sigue.

De pronto, Morgan vio algo en la carretera.

—¿Jefe? Estoy viendo algo más a lo lejos.

—¿Algo más?

—Sí, creo que es un coche **aparcado** cerca de la entrada.

—¡Ah, sí! Morgan, **se me olvidó decírtelo**. Envié al agente Roman hace unas horas para investigar el asunto y resolver el caso. Te va a ayudar.

—¿Roman? ¿Quién es Roman?

—Roman es el nuevo agente. Hace poco tiempo que está con nosotros.

El detective Morgan sabía quién era Roman. Era un nuevo agente que había entrado hace poco para trabajar con ellos. No lo conocía mucho. Sabía que era **rubio** y un poco bajo de **estatura**, pero muy fuerte.

–Entendido, jefe –le dijo Morgan.

El detective llegó a la entrada del castillo y allí estaba el coche. Aparcado en la entrada con las **puertas** abiertas.

–Qué raro –dijo Morgan.
–¿Qué ocurre? –le preguntó el jefe.
–Las puertas del coche de Roman están abiertas. Ha dejado el coche abierto pero no hay nadie dentro. Roman **tiene que estar** en el castillo. Seguro.
–Seguro que está dentro.

Morgan detuvo su coche y cogió su pistola y una linterna. Ya casi era de noche. Se acercó al coche de Roman. Vio que las puertas estaban abiertas. Entró en el coche de Roman a **inspeccionar**. **A primera vista**, no vio nada raro. Pero después sí que vio algo.

–¿Qué es esto? –dijo Morgan.
–¿Qué ocurre, detective? –le dijo el jefe por el teléfono. Morgan seguía teniendo el manos libres activado.
–Los asientos del coche están **manchados** de algo. No sé lo que es. Voy a **iluminar** con mi linterna.

El detective acercó la linterna a los asientos del coche y lo vio. Era algo rojo. ¡Era **sangre**!

–Jefe, aquí hay sangre.
–¿Sangre? ¿Hay mucha?
–Hay bastante sangre. No sé de quién es. Puede ser sangre de Roman o puede ser de Harrison.

—Entre en el castillo, Morgan. Tiene que haber pistas dentro del castillo.

El detective Morgan cogió la pistola y la linterna y atravesó el pequeño puente del castillo. Era un castillo muy grande. No se veía todo el castillo porque estaba muy oscuro, pero se podía ver que era muy grande.

—No veo a nadie por aquí cerca, pero voy a **apagar** la linterna —dijo Morgan.
—Es buena idea —le dijo el jefe.
—Apago la linterna para que no me vea nadie. Hay sangre en el coche, ha ocurrido algo malo seguro.

El detective Morgan llegó a la entrada del castillo. La puerta no estaba cerrada, estaba abierta. No se veía mucho.

—Aquí dentro hay poca luz, jefe. Pero voy a entrar. Seguro que hay **respuestas** dentro del castillo.
—Adelante, Morgan.

Anexo del capítulo 2

Resumen

El detective Morgan conduce por la carretera. La carretera es muy pequeña. Solo se usa para ir al castillo. Llama a su jefe con el teléfono y usa el manos libres. El jefe le dice que hace horas ha mandado al agente Roman. Morgan ve el coche del agente Roman. Hay sangre dentro de él. Después, entra al castillo.

Vocabulario

- **condujo** = drove
- **nunca se usaba mucho** = was barely used
- **el ayuntamiento** = town hall
- **arreglaba** = fixed
- **oscureciendo** = darkening
- **los faros** = headlamps, headlights
- **descubrirlo** = to discover it
- **por si acaso** = just in case
- **manos libres** = hands-free
- **distraerse** = to distract
- **los accidentes** = accidents
- **no pasa nada** = don't worry
- **estoy yendo** = I'm going
- **suficiente** = enough
- **cargado al 100%** = fully charged
- **aparcado** = parked
- **se me olvidó decírtelo** = I forgot to tell you
- **rubio** = blond
- **la estatura** = height
- **las puertas** = doors

- **tiene que estar** = it must be
- **inspeccionar** = check, inspect
- **a primera vista** = at first glance
- **manchados** = stained
- **iluminar** = illuminate
- **la sangre** = blood
- **apagar** = switch off
- **las respuestas** = answers

Preguntas de elección múltiple
Seleccione una única respuesta por cada pregunta

6. La carretera para ir al castillo es:
    a. Grande
    b. Pequeña
    c. Ancha
    d. Larga

7. El detective Morgan habla con:
    a. Roman
    b. Harrison
    c. El jefe
    d. Con todos

8. Morgan tiene:
    a. Una pistola
    b. Una linterna
    c. Una pistola y una linterna
    d. Una pistola, una linterna y un teléfono móvil

9. El segundo agente se llama:
    a. Roman
    b. Harrison
    c. Morgan

10. Dentro del coche del segundo agente hay:
    a. Una pistola
    b. Sangre
    c. Un mapa
    d. Pistas

Soluciones capítulo 2

6. b
7. c
8. d
9. a
10. b

Capítulo 3 – El traidor

Morgan entró al castillo. El castillo estaba oscuro pero estaba iluminado por la luz de la **luna**. La luz entraba por las ventanas. Las ventanas eran muy antiguas y muy grandes. Estaban **adornadas** con dibujos de hace muchas **décadas**.

El detective **anduvo** por la sala principal. Había muchas **escaleras**: escaleras a los lados, escaleras hacia arriba, escaleras hacia abajo. No sabía por dónde empezar. ¿Qué hacer en un caso así?

—Jefe, aquí hay muchas escaleras. No tengo ni idea de dónde ir.
—Sigue por las escaleras de abajo.
—¿Por las escaleras de abajo? ¿Por qué?
—Quizás el criminal se esconde allí.
—Es posible.

El detective Morgan bajó las escaleras. Tenían muchos **peldaños**. Cuando llegó abajo habló de nuevo con el jefe:
—Tengo que encender la linterna, jefe. No veo nada.
—Vale, hazlo. Pero ten cuidado.

Encendió la linterna. Estaba todo muy oscuro pero veía muebles. Los muebles eran también muy antiguos y estaban en una gran habitación. La habitación tenía muchas puertas, pero no tenía ventanas porque estaba en el **subsuelo**.

Morgan apuntó la linterna a diferentes sitios. Primero al **techo**, luego a las puertas y luego a las **estanterías**. En las estanterías había muchos libros de todo tipo: viejos, nuevos, grandes, pequeños... Apuntó la linterna al suelo. Y allí vio algo.

—Jefe, tengo algo.

—¿Qué ves?

—Hay algo en el suelo. Un momento.

El detective **se agachó** para ver mejor. Estaba seguro, era sangre.

—Es sangre.

—¿Más sangre, Morgan?

—Sí. El criminal está cerca.

—¿Hay señales de Harrison?

—No he visto a nadie todavía.

El detective vio la sangre. La sangre hacía un camino hacia una puerta grande. La puerta grande también estaba manchada de sangre.

—En la puerta también hay sangre, jefe.

—Entra.

El detective Morgan pensó:

«¿Por qué quiere el jefe que siga constantemente? Qué raro. No estoy teniendo cuidado, estoy yendo muy deprisa».

Abrió la puerta y había otra habitación **aún más grande**. En el suelo había una persona. El detective Morgan **desenfundó** su pistola y apuntó también con la linterna **a todos lados**. No vio a nadie más.

En el suelo también había una pistola. Se acercó a la pistola y la apartó de la persona. Se agachó e intentó **despertarlo**. Era un hombre viejo. Estaba vivo. El hombre viejo lo miró y **se asustó**:

—¡AHHH!

El detective puso la mano en su boca. Hacía mucho **ruido**.

—¡Sssh! ¡Silencio!

El hombre viejo se calló. Entendió que Morgan no quería hacerle **daño**.

—Jefe, he encontrado a Harrison.

No hubo respuesta.

—¿Jefe?

Sólo había **interferencias.** Morgan apagó el teléfono móvil y le preguntó a Harrison:

—¿Qué ha pasado aquí?

—¡Un hombre rubio intentó matarme! ¡Ha escapado y está **herido**! Le disparé con mi pistola.

Morgan pensó:
«¿Un hombre rubio? ¡Oh!»

—¿Era un hombre rubio y bajo? ¿Muy fuerte?
—¡Sí! ¡Él! ¡No sé dónde está!

Ahora todo tenía **sentido**. El hombre rubio y fuerte era Roman. La sangre del castillo y la sangre del coche eran de Roman. Seguramente había escapado y no podía conducir por la **herida** de bala. ¡Eso significaba que el jefe estaba **compinchado** con él!

Morgan le dijo a Harrison:
—Quédate aquí. Voy a llamar a una **ambulancia**.

Morgan llamó a una ambulancia con su teléfono móvil y el manos libres:
—¿Hola? ¿Urgencias?

—Dígame, señor. ¿Qué quiere?

Morgan dijo que había un hombre herido en el castillo.
—Entendido, señor. Ahora mismo mandamos una ambulancia para allá.

El detective colgó el teléfono y le dijo a Harrison:
—No te muevas de aquí y toma la pistola. **Tengo que hacer una cosa**.
Harrison **asintió** con la cabeza.

El detective salió del castillo y se encontró con su jefe. El jefe había llegado al castillo con su propio coche.
—¡Morgan! He venido en persona. ¿Qué ocurre aquí?

El detective sabía que el jefe y Roman eran unos **traidores**. Querían el **dinero** y el castillo de Harrison. Así que sacó su pistola de nuevo y apuntó a su jefe. El jefe le dijo:
—¿Qué estás haciendo? ¿Te has vuelto **loco**?
—Tú te has vuelto loco. **Ni se te ocurra** dar un paso ni mover las manos.

La **expresión** del jefe cambió por completo. Sabía que su plan había salido mal.
—Eres un traidor, jefe. Roman no ha matado a Harrison y tú has venido a hacerlo personalmente.
—Yo... Yo...
—Quedas detenido.

El detective Morgan metió al jefe en su coche y lo **esposó**. Lo llevó al edificio donde trabajaba y **explicó** todo el asunto a los demás detectives y agentes. El jefe acabó en la **cárcel**.

Días después, Morgan visitó a Harrison en el hospital mientras se curaba de la herida:

—Gracias, Morgan.

—De nada, Harrison. Pero mi trabajo no ha acabado.

—¿Por qué dices eso?

—Roman sigue ahí fuera. **Algún día lo encontraré**.

Anexo del capítulo 3

Resumen

El detective Morgan entra en el castillo. Allí ve más sangre y baja a una habitación. El jefe no responde por el teléfono móvil. Harrison está herido. Roman, el agente del jefe, le ha disparado. El jefe y Roman es un traidor. Morgan detiene al jefe y acaba en la cárcel. Harrison se cura de su herida en el hospital pero Roman está desaparecido.

Vocabulario

- **la luna** = moon
- **adornadas** = decorated
- **las décadas** = decades
- **anduvo** = walked
- **las escaleras** = stairs
- **los peldaños** = steps
- **el subsuelo** = subsoil
- **el techo** = ceiling
- **las estanterías** = shelves
- **se agachó** = bent down
- **aún más grande** = even bigger
- **desenfundó** = pulled out
- **a todos lados** = everywhere
- **despertarlo** = wake him up
- **se asustó** = got scared
- **el ruido** = noise
- **el daño** = damage
- **las interferencias** = interferences, jamming
- **el herido** = wounded, injured
- **el sentido** = sense

- **la herida** = wound
- **compinchar** = conspire
- **la ambulancia** = ambulance
- **tengo que hacer una cosa** = I have to do something
- **asintió** = nodded
- **los traidores** = traitors
- **el dinero** = money
- **loco** = crazy
- **ni se te ocurra** = don't even think about it
- **la expresión** = expression
- **esposó** = handcuffed
- **explicó** = explained
- **la cárcel** = jail
- **algún día lo encontraré** = one day I'll find him

Preguntas de elección múltiple
Seleccione una única respuesta por cada pregunta

11. Morgan usa las escaleras para ir:
    a. Arriba
    b. Abajo
    c. A los lados
    d. Afuera

12. Morgan se encuentra dentro del castillo con:
    a. Roman
    b. Harrison
    c. El jefe
    d. Con un médico

13. Harrison dice que le ha atacado:
    a. Un hombre moreno
    b. Un hombre rubio
    c. Un hombre alto
    d. Una mujer

14. Morgan entiende que:
    a. Harrison es un agente
    b. Roman es un traidor
    c. El jefe es un traidor
    d. Roman y el jefe son unos traidores

15. El jefe:
    a. Acaba en la cárcel
    b. Acaba en el hospital
    c. Se va del país
    d. Se va de la ciudad

Soluciones capítulo 3

11. b
12. b
13. b
14. d
15. a

2. El Cocinero

Capítulo 1 – Naranjas

Esta es una gran historia. Una gran de historia de cómo un vendedor de **naranjas** se convirtió en un gran **cocinero** de España. ¿ Cuál es el nombre del cocinero? Su nombre era Rafael.

Rafael vivía en Valencia y tenía 45 años. Había trabajado toda su vida, no tenía estudios superiores. No tenía certificados de estudios pero sí tenía una pasión: ser cocinero. Por eso, Rafael leía muchos libros y practicaba en casa. Cuando tenía **tiempo libre**, Rafael cocinaba en casa y probaba cosas nuevas.

Su apartamento era pequeño, aunque pagaba mucho **alquiler**. La cocina era más que suficiente para él. En la cocina podía practicar y aprender cada día. Normalmente, **mandaba** su currículum a empresas para trabajar de cocinero y aprender más, pero no podía sin tener un certificado de estudios superiores.

«¡Qué **injusto**!», decía Rafael siempre.

Rafael se enfadaba por esto. No entendía por qué no podía trabajar de cocinero si sabía cocinar. No tenía ningún certificado ni títulos pero sabía mucho. No podía dejar su trabajo actual para estudiar. Si no trabajaba, no pagaba su alquiler y si no pagaba su alquiler, no podía vivir en esa casa.

Así que Rafael trabajaba vendiendo naranjas en las **playas** de Valencia. A los turistas les gustaban mucho las naranjas. Tenían mucha **fama** y querían probarlas. A Rafael le gustaba venderlas, pero quería trabajar de cocinero.

Un día, se encontró con un alemán **turista** en una playa de Valencia. Rafael estaba vendiendo naranjas a otros turistas y el alemán lo saludó con su acento **característico**:

—¡Buenas tardes, señor! ¡Vende usted naranjas!

—Hola, sí, vendo naranjas. ¿Está interesado?

—¡Claro! ¡Son naranjas de Valencia? Póngame una bolsa pequeña, por favor. Mi mujer también quiere.

Rafael metió la mano en su **carro**, cogió una bolsa y metió varias naranjas en la bolsa. Después, **pesó** la bolsa.

—Son 4,50 €, señor.

—Aquí tiene.

—Espero que le gusten.

—Muchas gracias.

El alemán volvió donde su familia y allí abrió la bolsa. Su mujer sacó un **cuchillo** y **peló** una de las naranjas. Estaban muy ricas. Rafael se puso contento y se marchó a otra playa.

Mientras caminaba hacia la segunda playa del día, observó a muchos turistas. Había turistas de todo tipo y de todas partes del mundo. La gente reía, comía y bebía. A Rafael le gustaba mucho ese ambiente porque era muy feliz. La gente estaba de vacaciones y era feliz.

Él nunca tenía vacaciones. En otoño y en invierno no repartía naranjas porque no había tantos turistas, pero sí trabajaba en más cosas, aunque nunca de cocinero.

Rafael entró en la segunda playa acompañado de su carro de naranjas y anduvo en la arena. Allí, volvió a vender naranjas. Cuando salió de la segunda playa, era de noche. Ya no había tanta gente, ni tantos turistas. Volvió a las calles de Valencia y alguien lo llamó:

–¡Eh, usted! ¡Usted, el del carro de naranjas!

Rafael reconoció la voz. Era el alemán. Se dio la vuelta y lo vio con su mujer.
–Hola –dijo al alemán.
–Hola, señor –respondió Rafael–, ¿qué tal las naranjas de antes?
–¡Deliciosas! ¡A mi mujer también le han gustado!

Rafael miró a su mujer pero ella no dijo nada. El alemán **se percató** del asunto.
–¡Oh! ¡Mi mujer no habla español, lo siento! ¡Sólo yo!
–¿Sabe español por ser turista?
–¡No! ¡No! Hace muchos años que sé español. ¡**Tutéame**, por favor!
–Está bien.

Rafael pensó que el alemán hablaba español muy bien. Tenía mucho acento, pero su gramática era correcta y era un hombre muy amable y **cercano**. Al final, el alemán le dijo su nombre:
–Me llamo Derek, ¿y tú?
–Mi nombre es Rafael.

Ambos se estrecharon la mano.
–Dime, Rafael, ¿trabajas siempre vendiendo naranjas?
–Solo en primavera y en invierno. En otoño y en invierno no hay tantos turistas. En otoño y en invierno trabajo en otras cosas. ¿Y tú?

—Yo soy **empresario**, tengo varios negocios en Alemania y también tengo varios negocios en España.

Rafael se interesó por Derek. Era un empresario exitoso y tenía curiosidad.

—¿Estás de vacaciones ahora mismo?

—Sí, tengo varios **negocios** en España, pero ahora mismo estoy de vacaciones. No quiero mezclar el trabajo y las vacaciones.

—Eso es bueno. El trabajo y las vacaciones tienen que estar separados.

—¿Y tú, Rafael? ¿Tienes vacaciones?

—No puedo tener vacaciones. Tengo que pagar mi piso de alquiler.

Era finales de septiembre y el verano estaba acabando.

—¿Qué vas a hacer después de vender naranjas aquí? —dijo Derek.

—Voy a ir a mi casa a descansar. Es un trabajo que cansa mucho.

Rafael tenía curiosidad por sus negocios.

—¿Qué clase de negocios tienes, Derek?

—¡Oh! ¡Restaurantes! No solo restaurantes con comida alemana. Tengo restaurantes de comida española, comida china y comida japonesa.

—¡Eso es excelente!

—¿Te gusta la cocina, Rafael?

—¡Me encanta! Sé cocinar muchas cosas.

Derek miró a su mujer y la habló en alemán. Rafael no entendió nada pero ambos lo miraron con cara de **curiosidad**. Derek le dijo:

—Rafael, tengo una oferta para ti.

—¿Una oferta?

—Sí, el verano está acabando. Quiero que trabajes para mí. ¿Te interesa?

—¿De cocinero?

—Sí, en un restaurante de comida española.

—¡Claro que quiero!

—¡Excelente, Rafael! El lunes 12 a las 9 de la mañana aquí.

Derek le dio una **tarjeta** con el nombre y la dirección del restaurante.

—¡Gracias, Derek!

Derek se despidió y se marchó junto con su mujer. Rafael estaba muy contento.

Anexo del capítulo 1

Resumen

Rafael trabajaba vendiendo naranjas en Valencia. Él quería trabajar de cocinero, pero no tenía certificados ni estudios superiores. En otoño y en invierno trabajaba de otras cosas. Un día, un alemán llamado Derek le ofrece trabajo. Derek tiene restaurantes españoles en Valencia y quiere que Rafael sea cocinero.

Vocabulario

- **las naranjas** = oranges
- **el cocinero** = cook
- **el tiempo libre** = free time
- **el alquiler** = rent
- **mandaba** = sent
- **injusto** = unfair
- **playas** = beaches
- **fama** = fame, reputation
- **el/la turista** = tourist
- **característico** = characteristic, peculiar to
- **carro** = cart, trolley
- **pesó** = weigh
- **cuchillo** = knife
- **peló** = peel
- **percató** = realise
- **tútéame (tutear)** = address informally (usted --> tú)
- **cercano** = close
- **estrecharse la mano** = shake hands
- **empresario** = entrepreneur
- **negocios** = businesses

- **curiosidad** = curiosity
- **tarjeta** = card

Preguntas de elección múltiple
Seleccione una única respuesta por cada pregunta

1. La ciudad donde vive Rafael es:
    a. Barcelona
    b. Alicante
    c. Lugo
    d. Valencia

2. Rafael tiene una casa:
    a. Grande
    b. Mediana
    c. Pequeña
    d. No tiene casa

3. Rafael quiere ser:
    a. Vendedor de naranjas
    b. Cocinero
    c. Taxista
    d. Empresario

4. Derek es:
    a. Cocinero
    b. Empresario
    c. Taxista
    d. No se sabe

5. Derek es de:
    a. Alemania
    b. Suecia
    c. Inglaterra
    d. Dinamarca

Soluciones capítulo 1

1. d
2. c
3. b
4. b
5. a

Capítulo 2 – El restaurante

Rafael despertó el lunes siguiente **contento por** su nuevo trabajo. Ya no iba a vender naranjas en las playas de Valencia, ¡iba a trabajar de cocinero! No era un trabajo seguro, **quizás** era bueno o **quizás** era malo, pero Derek **parecía** buena persona.

Rafael llamó a su padre, que vivía en Madrid:
El teléfono **sonó** cuatro veces. Al final, su padre lo cogió:
–Buenos días, hijo. ¡Qué **pronto** llamas hoy!
–Hola, papá. Sí, quiero contarte algo.
–¿Contarme algo? ¿Es importante?
–Sí, para mí es importante.

Rafael hablaba mientras bebía **sorbos** de café.
–Dime, hijo. **¿De qué se trata?**
–Voy a trabajar de cocinero.
–¿De cocinero? ¡Qué sorpresa!
–Sí que lo es.

Miró la hora y vio que era muy tarde.
–Lo siento, papá. Cuelgo el teléfono. **¡Tengo que irme!**
–Suerte, hijo. **Ya me contarás luego**.

Rafael colgó el teléfono y bebió el último sorbo de café. Cogió su chaqueta y antes de salir de casa, miró la cocina: había naranjas en el **frutero**. Sonrió. Cerró la puerta y se marchó. Bajó las escaleras del portal y salió a la calle. En la calle, hacía mucho sol pero buena temperatura.

Él se acercó a la parada de taxis y esperó a alguno. No había ninguno en la parada. Era muy pronto y los taxis estaban siempre ocupados. Al final, vino un taxi y Rafael **le hizo una seña**. El taxista paró y Rafael entró.

—Dígame dónde quiere ir, señor —dijo el taxista.

—A la Calle de la Playa Blanca, número 15, por favor.

—¡**Marchando**!

El taxista arrancó el taxi. Rafael miraba por la ventana y el taxista lo miró por el **retrovisor** interior y vio que estaba muy feliz.

—¿Un buen día, eh? —le dijo el taxista.

—¡Muy bueno!

—¿Una mujer?

—¡No, no es eso!

—**Deje que adivine**...

El taxista se quedó pensativo varios segundos. En la calle, había todo tipo de gente y vehículos: **camiones de suministro, autobuses de viajeros,** coches de la gente, otros taxis.

—Ya sé —dijo el taxista.

Rafael le sonrió y le dijo:

—Dígame.

—Un nuevo trabajo.

—¡Eso es!

—¿Y de qué va a trabajar usted?

—De cocinero. Hoy es mi primer día.

El taxi llegó a la calle y se detuvo allí. Antes de pagar, el taxista le dijo algo más:

—Escúcheme. Yo también fui cocinero.

—¿Usted también?

—Así es. Es un trabajo duro, pero es un trabajo bueno. **Que tenga usted suerte**.

—Gracias. Muchas gracias.

Rafael pagó al taxista 7,50 € y salió del taxi.

En esa misma calle, estaba esperando Derek.

—¡Rafael! ¡Aquí! ¡Estoy aquí!

Rafael lo vio y anduvo hasta él.
Ambos se estrecharon la mano.

—Bienvenido al restaurante, Rafael. Vamos a empezar ahora mismo.

Rafael miró la **fachada** del restaurante y **le encantó**. Era una fachada del color de la **arena** de la playa con toques rojos y **elegantes**. La entrada era muy grande y **lujosa**. Había un **portero** para dar la bienvenida a las nuevas visitas.

Rafael y Derek fueron hasta la entrada. El portero les saludó:

—Hola, jefe —dijo **refiriéndose** a Derek—, ¿quién es su **acompañante**?
—Hola. **Te presento a** Rafael, es nuestro nuevo cocinero **en prácticas**.
—Encantado —dijo el portero.
—Encantado igualmente, y gracias.

Rafael y Derek pasearon por todo el restaurante. Derek explicaba cosas del restaurante:
—**Como ves,** es un restaurante muy grande. Es un restaurante que **sirve** comida española y comida alemana. Tiene 50 mesas y también una barra de bar para **tomar algo.** El **diseño** del restaurante es una idea mía.
—Me gusta —dijo Rafael—, es un diseño muy elegante.
—Ahora vamos a la cocina.

En la cocina, había otros cuatro cocineros y un **jefe** de cocina. Todos estaban trabajando y preparando el desayuno.

Derek dijo:

—¡Atención, todos!

Los cocineros se detuvieron. Ya no cocinaban.

—Os presento a Rafael. Es el nuevo cocinero del restaurante. **A partir de ahora** es el nuevo cocinero en prácticas.

Todos los demás cocineros saludaron a Rafael estrechando su mano.

—Bien —dijo Derek—. Ahora hay que cocinar los desayunos del restaurante. ¡Comenzad!

El jefe de cocina se presentó personalmente a Rafael.

—Hola, Rafael. Me llamo José. Soy el jefe de cocina. **Te voy a enseñar** las diferentes cosas de este restaurante. **Vas a aprender** a cocinar, a servir y muchas cosas más. ¿Has cocinado antes?

—Sí, me gusta mucho la cocina pero nunca he trabajado de cocinero.

—No te preocupes. Si sabes cocinar, es bueno. Vas a **encajar** bien aquí.

—Gracias, José.

—De nada.

Rafael cocinó todo el día. Al siguiente día, cocinó más aún. Aprendió mucho durante muchos días y los compañeros eran muy amables. Derek estaba muy contento y el negocio se expandió aún más.

Rafael siempre llegaba muy cansado a casa, pero estaba feliz y contento.

Anexo del capítulo 2

Resumen

Rafael va a trabajar al nuevo restaurante. Coge un taxi. Habla con el taxista y el taxista intenta adivinar por qué está contento. Le desea buena suerte. Derek le presenta el restaurante, al portero y a los cocineros. Derek contrata a Rafael como cocinero en prácticas.

Vocabulario

- **contento por** = happy about (something)
- **quizás** = maybe
- **parecía** = seemed
- **sonó** = rang
- **pronto** = early
- **los sorbos** = sip
- **¿De qué se trata?** = What is it about?
- **¡Tengo que irme!** = I have to go!
- **ya me contarás luego** = you'll tell me later
- **el frutero** = fruit bowl
- **le hizo una seña** = he nodded to him
- **¡Marchando!** = Let's go!
- **el retrovisor** = rear mirror
- **deja que adivine** = let me guess
- **el camión de suministro** = (supply) lorry
- **los autobuses de viajeros** = traveller buses
- **que tenga usted suerte** = good luck
- **la fachada** = façade
- **le encantó** = he loved it
- **la arena** = sand
- **elegantes** = elegant

- **lujosa** = luxurious
- **el portero** = doorman, caretaker
- **refiriéndose** = referring to
- **acompañante** = companion
- **te presento a** = I present you to, please meet
- **en prácticas** = trainee
- **sirve** = serves
- **tomar algo** = take, drink
- **el diseño** = design
- **el jefe** = boss
- **a partir de ahora** = from now on
- **te voy a enseñar** = I'm going to teach you
- **vas a aprender** = you'll learn
- **encajar** = fit in, belong

Preguntas de elección múltiple
Seleccione una única respuesta por cada pregunta

6. Al principio, Rafael habla con:
    a. Su padre
    b. Un taxista
    c. Derek
    d. Con nadie

7. Para ir a su nuevo trabajo, Rafael viaja en:
    a. Autobús
    b. Taxi
    c. Metro
    d. Avión

8. El taxista:
    a. Es muy hablador
    b. No habla mucho
    c. Es Derek
    d. Es su padre

9. El restaurante sirve:
    a. Comida española
    b. Comida alemana
    c. Comida española y alemana
    d. Comida española y argentina

10. El jefe de cocina se llama:
    a. David
    b. Álvaro
    c. José
    d. Alfonso

Soluciones capítulo 2

6. a
7. b
8. a
9. c
10. c

Capítulo 3 – El dueño

Habían pasado muchos años desde que Rafael trabajaba de cocinero en el restaurante de Derek. Todo había cambiado mucho **desde entonces**.

Ahora Rafael vivía en una casa propia cerca de la playa de Valencia. Cuando se despertaba cada día, miraba la playa. En la playa había muchos turistas, como siempre.

Un día, llamó a su padre por teléfono. Su padre vivía lejos y siempre hablaban por teléfono:
—Hola, hijo. Qué alegría que me llames por teléfono.
—Hola, papá. ¿Qué tal estás?
—**Me va bien. Me va bien**. ¿Y a ti?
—Todo bien, ningún problema. El restaurante **sigue yendo bien.**

Rafael ahora era el segundo dueño del restaurante. Había trabajado durante muchos años como cocinero en el restaurante.

—Dime hijo. ¿Quieres seguir **gestionando** el restaurante?
—Sí, claro. Es el primer restaurante donde trabajé como cocinero. ¿Por qué lo dices?
—Quizás hay ideas mejores.
—¿Ideas mejores?
—Siempre hay ideas mejores, hijo. No hay que **acomodarse**.
—No estoy acomodado, papá.
—Sí lo estás. Hace meses que lo estás.

Rafael se puso **pensativo**. ¿Tenía razón o no? No lo sabía. Al principio, trabajó mucho en el restaurante como cocinero en prácticas. Después, lo **contrataron indefinidamente**. Años después, Derek dejó de gestionar el restaurante **debido a problemas de salud**. Derek estaba bien, pero ya estaba **jubilado**.

—Puede que tenga una **oferta** para ti, hijo.
—¿Una oferta? ¿Tú?
—Sí. ¡Yo! ¡El **hombre viejo** todavía puede dar ideas!
—No quería decir eso.

Su padre se rio muy alto.
—**Era broma,** hijo. Pero ahora quiero hablar **en serio**.
—Dime.
—Lo peor que puedes hacer ahora es acomodarte. Tienes que abandonar el restaurante.
—¿Abandonar mi restaurante? ¿Por qué voy a abandonar mi restaurante?
—No es tu restaurante, hijo.
—Ya, pero Derek tiene el restaurante a mi nombre y...

Rafael volvió a pensar lo que su padre estaba diciendo.
—Creo que entiendo lo que quieres decir —le dijo a su padre.
—Tienes que **abrir un restaurante** con tu nombre. Tengo algo preparado en Madrid. ¿Puedes **coger un vuelo** el sábado?
—Creo que sí.
—¡Excelente! **Te recojo** en el aeropuerto.

Días después, el avión salió de Valencia hacia Madrid. El vuelo fue agradable y hacía buen día. En las **ciudades** del Mediterráneo hacía mucho sol. En Madrid también.

Cuando Rafael llegó a Madrid, su padre estaba **esperándolo** a la salida del aeropuerto. Su padre le dio un gran **abrazo**. **Llevaban sin verse** aproximadamente 3 meses.

—Me alegro de verte, hijo —le dijo su padre.
—Yo también, papá. Bueno, ¿adónde vamos?
—**Sígueme**.

Rafael siguió a su padre hasta un taxi. Cuando Rafael estuvo dentro del taxi con su padre le dijo:
—Esto es **gracioso**.
—¿El qué es gracioso, hijo?
—La primera vez que fui a trabajar al restaurante de Valencia, fui en taxi. Un taxista muy amable me habló **durante todo el camino**. Yo estaba nervioso.
—Y ahora mira, el restaurante es prácticamente tuyo.
—**Espero que** Derek tenga buena **salud**. Hace meses que no sé nada de él.

El padre sonrió a su hijo y le dijo:
—**Ya hemos llegado**.

Rafael salió del taxi y entonces lo entendió todo.
—¡**Alucinante**!

Su padre también salió del taxi. Derek estaba allí. Su antiguo jefe saludó a Rafael con el acento alemán tan característico.
—¡Me alegro de verte, Rafael! ¡No **envejeces**!
—Hola, Derek. Me alegro mucho de verte. Sí **envejezco**, ya tengo algunas **canas**.

Todos se rieron. Pero **la sorpresa más grande** no era Derek. La sorpresa más grande era el edificio que tenían delante. Un edificio más elegante que el restaurante de Valencia. Tenía un nombre arriba pero Rafael no pudo verlo. No tenía las **gafas** puestas. Sacó las gafas de su mochila y se las puso. Ponía:

«Restaurante Rafael».

Rafael **estuvo a punto de** llorar.

Su padre se acercó a él y le dijo:
—Ha sido idea de Derek. Hace tiempo, me llamó por teléfono. Dijo que quería darte una **recompensa**. Dijo que eras un buen trabajador y que durante años siempre lo habías sido.

Rafael le dijo a Derek:
—No sé cómo agradecerte todo esto, Derek.
—No te preocupes, sólo sé feliz. ¡Ah! Pero esto no es todo. ¡Entra al restaurante!

Rafael entró al restaurante y pudo ver su **logotipo** en la entrada. El logotipo del restaurante era una naranja.

Anexo del capítulo 3

Resumen

Rafael ahora es el dueño del restaurante de Valencia. Han pasado muchos años y Derek está enfermo. Su padre lo llama por teléfono para ir a Madrid. Cuando Rafael llega a Madrid, Derek y su padre están allí. Han abierto un restaurante con el nombre de Rafael y el logotipo de una naranja.

Vocabulario

- **habían pasado muchos años** = several years had passed
- **desde entonces** = since then
- **me va bien** = I do well
- **sigue yendo bien** = it's still going well
- **gestionando** = managing
- **acomodarse** = to get too comfortable
- **pensativo** = thoughtful
- **contrataron** = hired
- **indefinidamente** = indefinitely
- **debido a problemas de salud** = due to health problems
- **el jubilado** = retired
- **la oferta** = offer
- **el hombre viejo** = old man
- **era broma** = was kidding
- **en serio** = seriously
- **abrir un restaurante** = open a restaurant
- **coger un vuelo** = take a flight
- **te recojo** = I'll pick you up

- **las ciudades** = cities
- **esperándolo** = waiting for him
- **el abrazo** = hug
- **llevaban sin verse** = without seeing each other
- **sígueme** = follow me
- **gracioso** = funny
- **durante todo el camino** = for the whole walk
- **espero que** = I hope
- **la salud** = health
- **ya hemos llegado** = we have arrived
- **¡Alucinante!** = Amazing!
- **envejecer** = to age, grow old
- **las canas** = grey hair
- **la sorpresa más grande** = the biggest surprise
- **las gafas** = glasses
- **estuvo a punto de** = (he) nearly, was about to
- **la recompensa** = reward
- **el logotipo** = logo, trademark

Preguntas de elección múltiple
Seleccione una única respuesta por cada pregunta

11. ¿Rafael seguía siendo cocinero en prácticas?
    a. No
    b. Sí

12. Rafael era:
    a. Dueño completo del restaurante
    b. Prácticamente el dueño del restaurante
    c. Cocinero jefe
    d. Cocinero normal

13. Su padre le dice que:
    a. Abra otro restaurante
    b. Viaje a Madrid
    c. Tiene una oferta
    d. b) y c) son correctas

14. Derek ya no trabaja en el restaurante de Valencia porque:
    a. No tiene dinero
    b. Está viejo
    c. Tiene problemas de salud
    d. No se sabe

15. En Madrid:
    a. Su padre tiene un nuevo restaurante
    b. Han abierto un restaurante con el nombre de Rafael
    c. Han abierto un restaurante con el nombre de Derek
    d. Derek quiere que trabaje como cocinero en Madrid

Soluciones capítulo 3

11. a
12. b
13. b
14. c
15. b

3. Robot

Capítulo 1 – La activación

Es el siglo XXI y los **seres humanos** tenemos mucha tecnología y muchos adelantos tecnológicos. Tenemos **multitud** de nuevos **inventos** y **herramientas**. Esta es la historia de un robot creado en el siglo XXI.

En un laboratorio de Europa, muchos científicos trabajaban en un robot. El proyecto había empezado hacía 10 años y ya casi estaba listo. La **científica** más importante del proyecto se llamaba Clara. Clara había estudiado ingeniería robótica en una universidad de Inglaterra y con solo 30 años era la directora del proyecto.

El proyecto era muy conocido en el mundo. Siempre se hablaba del proyecto "Robot". Se llamaba así simplemente: Robot. Un día, Clara entró en el laboratorio.

–Buenos días a todos –dijo.
–Buenos días, Clara. ¿Qué tal estás hoy?
–Bien, me **duele** un poco la cabeza. He estado toda la noche trabajando.

Era el último día de la **investigación**. Ese día, iban a activar el robot. 10 años de trabajo para ese día. El robot tenía forma humana, su metal era blanco y era **más delgado que** una persona.

–Bueno –dijo Clara-, ¿cómo va el robot?

—El robot va muy bien, Clara —dijo el científico Anderson.

—¿No hay ningún problema, Anderson? ¿Estás seguro?

—Creo que no. Todo parece correcto.

—Estupendo.

Clara quería que todo saliese bien. Habían trabajado 10 años para ese proyecto y sus jefes querían que el robot fuese perfecto. Un robot con **apariencia** humana. El robot era un simulador de una persona, iba a hablar con una voz sintética y también tenía capacidad para aprender cosas nuevas.

Clara dijo:

-Voy un momento a la cafetería. En 4 horas activamos el robot.

-Vale -respondió Anderson-, estaremos aquí trabajando.

En la cafetería, pidió un café y un poco de sándwich. Varios empleados estaban hablando en diferentes mesas sobre el robot. Decían cosas como:

-Hoy es el día de la activación.

-Sí, tengo ganas de activar el robot. ¡Será un éxito!

-¿**Y qué pasa si** algo sale mal?

Clara escuchaba las conversaciones de sus empleados mientras comía. Ella sabía qué iba a pasar si fallaba: no tendrían más dinero para futuros proyectos. Esto era importante. El robot había tenido muchos años de investigación.

Anderson se acercó a Clara en la cafetería y también pidió un sándwich y un café. El camarero de la empresa le dijo:

—No queda sándwich. Tenemos unos **bollos** de crema muy **ricos**.
—Está bien -dijo él-, pues entonces un bollo de crema y un café con leche.
—Ahora mismo —dijo el camarero.

Clara vio a Anderson comprar su café y su sándwich y él también la vio a ella. Se saludaron con la mano de lejos. Anderson se acercó a la mesa de Clara y la saludó:

-¿**Cogiendo fuerzas** para la activación del robot?
-Sí, hay que comer bien y necesito el café. No he dormido muy bien esta noche.
-Yo tampoco he dormido bien.
-¿Por el robot?
-Sí -dijo Anderson mientras comía un **trozo** del bollo.

Hablaron durante media hora antes de **limpiar** la mesa y volver al laboratorio. Allí, los demás científicos hacían pruebas de última hora para comprobar el robot. Clara seguía teniendo sueño, así que pidió otro café en la cafetería mientras comprobaban el robot. Ella era la directora, pero no hacía comprobaciones.

Clara compró varios cafés para los científicos. **Paseó** por el laboratorio entregando cafés a los diferentes científicos que miraban pantallas. Las pantallas mostraban muchos datos: estado de la temperatura del metal, estado de las funciones de inteligencia artificial, datos **complejos**...

Clara vio que Anderson también realizaba comprobaciones y habló con él:

-¿Cómo va el robot? ¿Todo bien?

—Está todo bien. Faltan solo dos horas para la activación.

—Excelente.

Uno de los científicos entró al laboratorio. El científico se quedó mirando al robot. El robot estaba dentro de una sala con **cristales**. Los cristales eran transparentes, así que se podía ver al robot que estaba dentro, quieto, con los ojos metálicos cerrados.

Clara vio al científico y le dijo:

-¿Qué ocurre?

-La prensa ya está aquí. Quieren ver al robot.

-¡**Aún** faltan dos horas para la activación!

-Quieren un pequeño discurso antes de la activación.

Clara **resopló** y dijo al científico:

—Vale, está bien. Saldré a hablar con ellos.

Anderson volvió a hacer diferentes comprobaciones mientras Clara salía del laboratorio. Cuando salió del laboratorio, vio a muchos **periodistas** con sus micrófonos.

-**Por aquí** -les dijo Clara.

Entraron a una sala muy grande con grandes ventanas. Había más periodistas fuera del edificio, pero solo dejaban entrar a unos pocos. Era un **acontecimiento** mundial, pero no podían entrar todos, no había sitio.

Clara se puso en la mesa de delante para hablar:

—Bienvenidos a todos. El futuro es ahora. En dos horas, vamos a activar el robot. 10 años de trabajo que seguramente **van a ser** muy beneficiosos para todos nosotros. El robot está listo y los datos son buenos. Es el primer robot que simula ser un humano completamente.

De repente, **sonó** el móvil de Clara y apareció un mensaje:

«Ha ocurrido un problema. Tienes que venir inmediatamente».

Anexo del capítulo 1

Resumen

En el siglo XXI, se activa un robot. 10 años de trabajo han construido a un robot que simula ser un humano. Clara es la directora del proyecto y Anderson habla con ella. Ambos están preparando la activación del robot. La prensa viene y Clara va a una sala a hablar con ellos. De repente, Clara recibe un mensaje al móvil.

Vocabulario

- **los seres humanos** = human beings
- **la multitud** = many, a multitude of
- **los inventos** = inventions
- **las herramientas** = tools
- **la científica** = scientist
- **duele** = hurts
- **la investigación** = study, research
- **más delgado que** = thinner than
- **estupendo** = great
- **la apariencia** = appearance
- **¿Y qué pasa sí...?** = And what happens if...?
- **los bollos** = cupcake
- **ricos** = tasty
- **cogiendo fuerzas** = gathering strength
- **limpiar** = clean
- **paseó** = walked
- **complejos** = complex
- **los cristales** = crystals
- **aún** = yet
- **resopló** = snort, pant

- **las periodistas** = journalists
- **por aquí** = this way
- **el acontecimiento** = event
- **van a ser** = (they) are going to be / (they) will be
- **sonó** = sounded, rang

Preguntas de elección múltiple

Seleccione una única respuesta por cada pregunta

1. La historia ocurre en:
   a. El siglo XIX
   b. El siglo XX
   c. El siglo XXI
   d. El siglo XXII

2. Clara es:
   a. Una científica de la compañía
   b. La directora del proyecto
   c. La directora de la compañía
   d. Una periodista

3. Anderson es:
   a. Un científico de la compañía
   b. El director del proyecto
   c. El director de la compañía
   d. Un amigo

4. Para crear el robot, han trabajado:
   a. 1 año
   b. 2 años
   c. 5 años
   d. 10 años

5. El mensaje al móvil de Clara dice que:
   a. Hay un problema
   b. Se ha activado el robot
   c. Se ha destruido el robot
   d. El robot ha desaparecido

Soluciones capítulo 1

1. c
2. b
3. a
4. d
5. a

Capítulo 2 – El problema

Clara volvió a mirar el móvil. El mensaje era **claro**: había pasado algo. ¿Qué era? ¿Algún problema con los datos? ¿Algún problema con Anderson? ¿Algún problema con el robot?

Clara miró a los periodistas y **no supo qué decir**.
Uno de los periodistas dijo:
-¿Ocurre algo? ¿Ha pasado algo?

Clara le miró y le dijo:
-Ha pasado algo, tengo que irme. Lo siento mucho. Esperen aquí, ahora mismo vengo.

Clara salió de la sala y corrió por el pasillo. Muchos científicos hablaban y **gritaban**. Oía ruidos **por todas partes**. Ella detuvo a un científico que gritaba a otro científico en el pasillo:

-¡Silencio! ¡Silencio! -dijo ella

El científico vio que era Clara, la directora. Entonces, los dos científicos callaron. Los científicos sabían que Clara era una persona muy amable y tranquila, pero también muy **autoritaria**.

-¿Qué ocurre? -preguntó ella.
—El robot... El robot...
-¿No funciona?
-Sí, si funciona... **La cosa es que...**

Los científicos estaban muy nerviosos, así que Clara **pasó de largo** sin decir nada y caminó hacia el laboratorio. Anderson estaba en el laboratorio, pero el robot no estaba.

79

-¡Anderson! ¿Dónde está el robot?

-Clara, **menos mal que te encuentro**. Hemos llevado al robot a otra sala para la activación y...

-¿Y?

-¡Se ha activado solo!

-¿No lo habéis activado vosotros?

-¡No, Clara! ¡**Te lo aseguro**!

-Eso es algo muy raro, Anderson.

-Lo sé, y no sabemos por qué ha ocurrido. Tenía energía **suficiente** para la activación, pero **no hemos dado la orden**.

-Quiero verlo.

-Es peligroso.

-No es peligroso. Yo lo sé. Son 10 años de trabajo.

—Como quieras.

Clara y Anderson salieron del laboratorio y fueron a la siguiente sala. Allí, todos los científicos estaban callados.

-¿Por qué están tan callados? -dijo Clara.

-Porque... Están esperando a que el robot diga algo -dijo Anderson.

El robot estaba en medio de la sala, **inmóvil**. Estaba activado. Sus ojos se movían **ligeramente** y sus **extremidades** también.

Los científicos dejaron pasar a Clara y ella se acercó al robot. El robot estaba dentro de unos cristales protectores.

Clara dijo a Anderson:

-Quiero que el robot salga de los cristales.

-¿Ahora? Pero...

-¡Ahora! ¡Ya!

Anderson también sabía que Clara era bastante autoritaria aunque cuando estaba tranquila era más amable. Él **dio la orden** a un científico y una puerta se abrió **entre** los cristales. El robot salió y miró a Clara. Estuvieron así varios minutos.

Clara preguntó a los científicos:
-¿Ha dicho algo?

Los científicos respondieron:
-No.
-No, no ha dicho nada.

Clara intentó comunicarse con el robot y le dijo un simple:
-Hola.

El robot miró a Clara y sus ojos **pestañearon brevemente**.
-Hola -dijo con su voz sintética.

Clara se **emocionó**. Era la primera vez que el robot hablaba. **La primera vez en 10 años** que podía comunicarse con su creación.

-Comenzad a **tomar apuntes**.

Los científicos comenzaron a grabar toda la conversación entre Clara y el robot. El robot seguía mirando a Clara.
-¿Tu nombre es Clara? -dijo el robot.
-Sí, así es. ¿Cómo sabes mi nombre?
-Tengo una **base de datos** enorme. Tú eres mi creadora.

«**Pregunta tonta**», pensó Clara.

Anderson se acercó a Clara y le dijo:

-Habla con él. Dile más cosas. Tiene una base de datos muy grande, pero tiene que aprender cosas nuevas. Necesita hablar mucho para aprender. Hablando se aprende mucho y así aprende palabras nuevas.

Clara **asintió** y le dijo a Anderson:

-Tengo una idea mejor.

Ella le dijo al robot:

-Ven conmigo, robot.

El robot obedeció. El robot tenía **libre albedrío** pero obedeció a su creadora, a su **dueña**.

Anderson le dijo a Clara:

-¿Qué haces?

-Voy a ir a la sala de prensa. Están esperándome.

-¿Ahora? ¡No está preparado?

-Es la oportunidad perfecta.

-**Como quieras**.

Clara salió de la sala con el robot y caminaron juntos sin decir nada. Clara le dijo al robot:

-Quédate aquí **hasta que te llame**.

El robot no dijo nada pero se detuvo antes de la puerta de la sala donde estaban los periodistas. Clara entro en la sala y volvió a la mesa a hablar con ellos.

El periodista que le había preguntado antes volvió a hablar con Clara. Le dijo:

-¿Qué ha ocurrido exactamente?

Clara no respondió **al instante. Tosió** y por fin, habló:

-Señoras y señores, tengo el honor de presentar a nuestra creación. ¡Robot! ¡Adelante!

El robot entró tranquilamente en la sala de periodistas. Se detuvo tres segundos y miró a los periodistas. Después, caminó a la mesa donde estaba Clara. Allí, se detuvo a su lado y siguió mirando a los periodistas.

Los periodistas no sabían qué decir. Todos hablaban **al unísono:**
-¿Es este el robot? ¿De verdad?
-Pero... ¿La activación no era en dos horas?
-¿Sabe hablar? ¿Qué sabe hacer?
-¿Por qué esta sorpresa?

Clara no sabía qué hacer. El robot estaba sentado a su lado. Los periodistas hablaban y gritaban. Todos querían respuestas. Esta situación era muy **imprevista**.

-Robot, habla -dijo Clara al final.

Todos los periodistas se callaron. El robot comenzó a hablar:
-Soy el robot modelo T1010G con inteligencia artificial, libre decisión y activado por primera vez hoy, fecha...

El robot siguió hablando y contando detalles técnicos. Clara le dijo:
-Robot, **di cómo te sientes**.
-Me siento bien.

Los periodistas apuntaban muchas cosas en sus tabletas y ordenadores portátiles.

De repente, los guardias de seguridad de la compañía entraron en la sala de periodistas.

-Señora directora, tiene que venir con nosotros. El robot tiene que volver al laboratorio.

Anexo del capítulo 2

Resumen

El robot se había activado antes de tiempo. Clara pasea por los pasillos. Los científicos están muy nerviosos. Clara es muy autoritaria cuando está nerviosa. Va al laboratorio y el robot no está. El robot está en otra sala. Le dice a Anderson que lleva al robot a la sala de periodistas. En la sala de periodistas, los guardias de la compañía le dicen que el robot tiene que volver al laboratorio.

Vocabulario

- **claro** = clear
- **no supo qué decir** = didn't know what to say
- **gritaban** = were shouting
- **por todas partes** = everywhere
- **autoritaria** = authoritarian, bossy
- **la cosa es que...** = the thing is...
- **pasó de largo** = passed by
- **menos mal que te encuentro** = glad I found you
- **¡Te lo aseguro!** = I assure you
- **suficiente** = enough
- **no hemos dado la orden** = we didn't give the order
- **inmóvil** = still, motionless
- **ligeramente** = slightly
- **las extremidades** = extremities
- **dio la orden** = gave the order
- **entre** = between
- **pestañearon brevemente** = blink briefly

- **emocionó** = thrilled, excited
- **la primera vez en 10 años** = the first time in 10 years
- **tomar apuntes** = take notes
- **la base de datos** = database
- **la pregunta tonta** = stupid question
- **libre albedrío** = free will
- **la dueña** = owner
- **como quieras** = as you like
- **hasta que te llame** = until I call you
- **al instante** = instantly
- **tosió** = coughed
- **señoras y señores** = ladies and gentlemen
- **tengo el honor de presentar** = I have the honor of presenting
- **unísono** = unison
- **di cómo te sientes** = say how you feel

Preguntas de elección múltiple
Seleccione una única respuesta por cada pregunta

6. Clara era:
    a. Siempre era autoritaria
    b. Autoritaria, amable y tranquila
    c. Siempre amable
    d. Autoritaria y nerviosa

7. El problema era que:
    a. Habían robado el robot
    b. El robot había desaparecido
    c. El robot no funcionaba
    d. El robot se había activado

8. El robot estaba:
    a. En el laboratorio
    b. En la sala de los periodistas
    c. En otra sala
    d. No se sabe

9. El robot quería:
    a. Salir del laboratorio
    b. Salir de la sala
    c. Ver el mundo
    d. No se sabe

10. Clara lleva al robot a:
    a. El laboratorio
    b. La sala de periodistas
    c. Fuera del edificio
    d. Su casa

Soluciones capítulo 2

6. b
7. d
8. c
9. d
10. d

Capítulo 3 – El juicio

Una semana más tarde, Clara llevaba puesto un **traje**. Ese día, iba muy **elegante** y estaba en una **sala de espera.** En la sala de espera estaba sólo ella. Estaba muy tranquila pero no estaba de buen humor. En la sala de espera también había una televisión y varias **revistas**.

Clara se levantó del sofá de aquella sala y cogió una revista. Leyó varias páginas pero no había nada interesante. Dejó la revista en la mesa de nuevo y cogió otra. Esa revista era más nueva, pero era igual de aburrida.

También había un **periódico** en la mesa. El periódico era reciente, de hacía varios días. En el periódico aparecían fotos de ella y del robot en la sala de los periodistas. El **titular** del periódico decía:

«¡El robot se ha activado antes de tiempo! Clara ha activado el robot sin permiso».

Clara leyó el artículo por encima. El artículo decía cosas como:
«Clara se enfrenta en un **juicio** a un delito».
«La directora del centro de inteligencia artificial activó el robot el pasado jueves y lo sacó del laboratorio sin ningún tipo de seguridad».

Clara volvió a dejar el periódico en la mesa, **asqueada**. Cuando lo hizo, su **abogado** apareció por la puerta. Era un hombre grande y rechoncho:
−**Es la hora**, Clara. Ya puedes venir.

Su abogado llamaba a Clara para un juicio. El juicio no era oficial, era más **una especie de charla**. Clara y su abogado entraron en la sala grande y ella pudo ver a varios jueces y a varios científicos de la compañía.

–Siéntese Clara, por favor –le dijo uno de los jueces.

Ella y el abogado se sentaron en la sala y el juez que había hablado dijo:

–Vamos a analizar el acontecimiento **desde el principio**. Le voy a hacer varias preguntas, directora.

–Bien –dijo ella tranquilamente.

El juez sacó unos papeles y comenzó a leerlos. Llevaba puestas unas **gafas** para ver de cerca. Comenzó a leer varias cosas y comenzó a preguntar a Clara:

–Aquí dice que usted, la directora del centro, Clara, activó al robot antes de tiempo y sin ningún **permiso**. ¿Es eso verdad?

–¡No! Eso no es verdad. El robot se activó solo y sin ayuda. Yo no di ninguna orden.

–Tengo **fuentes** que lo confirman – Contestó el juez.

–Sus fuentes son **erróneas**.

El juez levantó la vista de los papeles y miró a Clara. Ella seguía siendo autoritaria, pero estaba tranquila. El juez siguió hablando:

–Más cosas. Usted dice que no es la responsable de activar al robot. Entiendo. ¿Es usted quien movió al robot del laboratorio a la segunda sala? Está **terminantemente prohibido** hacer eso.

–Tampoco hice eso.

Clara miró a los científicos de la sala y pudo ver a Anderson. Anderson miraba a Clara y le sonreía. Clara también sonrió y siguió hablando:

—Yo estaba en una **rueda de prensa** cuando recibí un mensaje al móvil. El mensaje decía que el robot se había activado solo. Fui por un pasillo hasta el laboratorio y no estaba allí. En el laboratorio, los científicos me dijeron que estaba en otra sala.

—Y entonces usted fue a esa sala.

—Es correcto.

—Bien.

Clara pensaba que el juez no era muy **exigente**, pero tampoco era un juicio oficial. Él solo quería datos.

—Tercera pregunta, directora.

—Adelante.

—¿Llevó usted al robot a la sala de prensa donde estaban los periodistas?

Clara pensó que no tenía sentido mentir.

—Sí, lo hice.

—Sin **tener en cuenta** las **medidas de seguridad**.

—Exacto. Era inofensivo.

—¿Cómo sabe usted que es inofensivo?

Clara miró a Anderson y Anderson le enseñó una **tarjeta electrónica**. Era la tarjeta del laboratorio del robot.

La puerta de la sala del juicio se abrió y el robot apareció. Todo el mundo se calló y no dijeron absolutamente nada.

El robot anduvo hasta la mesa de Clara y su abogado y se sentó junto a ella.

—**Permiso para hablar** —dijo el robot.

El juez miró a los demás durante varios segundos. No dijo nada en un minuto. Al final, dijo:

—Adelante.

El robot comenzó a hablar con su voz sintética:

—Ustedes me llaman robot, pero tengo **sentimientos**. Clara, la directora, es mi creadora. No quiero que ella sufra ningún **daño**.

El juez respondió:

—No va a **sufrir** ningún daño. Solo son unas preguntas.

—Unas preguntas que tienen como objetivo **incriminar** a Clara.

El juez no dijo nada más. No sabía cómo hablar ante un robot. Clara sabía qué había ocurrido. Anderson **había abierto** el laboratorio sin permiso de los científicos y había llevado el robot hasta el juicio.

«Bien hecho, Anderson», pensó ella.

El juez dijo al final:

—¿Qué es lo que quieres, robot?

El robot miró a Clara y luego miró al juez:

—Solo quiero vivir con Clara. **Quiero irme a casa**.

Anexo del capítulo 3

Resumen

Clara está en una sala de espera. Lee varias revistas y su abogado le avisa para ir al juicio. El juicio no es oficial pero el juez le hace preguntas. Anderson está en la sala y le enseña una tarjeta electrónica. Había llevado el robot al juicio. El robot entra y dice que quiere vivir en casa de Clara.

Vocabulario

- **el juicio** = trial
- **el traje** = suit
- **elegante** = elegant
- **la sala de espera** = waiting room
- **las revistas** = magazines
- **el periódico** = newspaper
- **el titular** = headline
- **asqueada** = disgusted
- **el abogado** = lawyer
- **es la hora** = it's time
- **una especie de charla** = a kind of talk
- **desde el principio** = from the beginning
- **las gafas** = glasses
- **el permiso** = permission
- **las fuentes** = source
- **erróneas** = wrong
- **terminantemente prohibido** = strictly forbidden
- **la rueda de prensa** = press conference
- **exigente** = tough
- **tener en cuenta** = bear in mind

- **las medidas de seguridad** = safety measures
- **la tarjeta electrónica** = electronic card
- **permiso para hablar** = permission to speak
- **los sentimientos** = feelings
- **el daño** = harm
- **sufrir** = suffer
- **incriminar** = incriminate
- **quiero irme a casa** = I want to go home

Preguntas de elección múltiple
Seleccione una única respuesta por cada pregunta

11. Clara vestía:
    a. Con un traje
    b. Con falda
    c. Con vestido
    d. Con pantalones vaqueros

12. Clara leía
    a. Revistas
    b. Periódicos
    c. Revistas y periódicos
    d. Libros

13. Clara entra a la sala con:
    a. Anderson
    b. Su abogado
    c. El robot
    d. Sola

14. Anderson le enseña:
    a. Una tarjeta electrónica
    b. Una llave
    c. Un móvil
    d. Un libro

15. ¿Qué había hecho Anderson?
    a. Abrir la sala del juicio
    b. Llevar al robot al juicio
    c. Abrir el laboratorio del robot
    d. b. y c. son correctas

16. El robot dice que:
    a. Quiere vivir en el laboratorio

b. Quiere vivir en un apartamento para él
c. Quiere vivir en otro país
d. Quiere vivir en casa de Clara

Soluciones capítulo 3

11. a
12. c
13. b
14. a
15. d
16. d

4. Historias de Guerra

Capítulo 1 – John

El teniente Rodríguez era un médico del **ejército**. Él era un hombre de treinta años, muy **fuerte** y **adiestrado** en el combate. En el **campo de batalla**, existían medicinas para curar a los soldados. Las **medicinas** que tenía el teniente Rodríguez eran muy buenas. El teniente calmaba las **heridas** de los **soldados** en muy poco tiempo.

Rodríguez luchaba en una **guerra** con el ejército de su país. Él curaba soldados heridos. A él le gustaba su trabajo. Cuando era joven, había estudiado medicina. Después, **estalló** la guerra. Cuando hubo guerra, Rodríguez se **alistó** en el ejército para ayudar a los soldados de su país.

Cuando Rodríguez curaba a un soldado herido, siempre hacía lo mismo. Veía la herida del soldado y usaba su medicina para curarlo. El soldado **se sentía mejor** en muy poco tiempo, pero inicialmente el soldado se ponía nervioso e incómodo antes de la cura. Para que el soldado estuviese relajado y cómodo, Rodríguez hablaba con él. El médico le decía al soldado que le contase su vida.

Un miércoles, en un campo de batalla había un soldado herido. El soldado herido **sangraba** de un brazo. Necesitaba un médico **urgentemente**, así que Rodríguez corrió hasta él. Había muchos **disparos** y explosiones.

El soldado gritaba. Le dolía el **brazo**.
El médico Rodríguez le dijo:

—Ya estoy aquí. Ya estoy aquí. **¿Te duele** el brazo?

—Me duele mucho.

—Vale. Enséñame tu brazo.

El soldado enseñó el brazo al médico. El brazo tenía mucha sangre, pero no era una herida grave.

—Vale, soldado. No es una herida grave. Voy a darte una medicina muy buena. En tres minutos **te vas a sentir mejor**.

—¿Es una nueva medicina?

—Sí, pero es muy incómoda cuando la tomas. Es una **pastilla** muy fuerte.

El médico Rodríguez dejó su **mochila** en el suelo. El suelo no era tierra sólida, era **barro**. Había llovido mucho durante toda la semana y la tierra estaba **húmeda**. Rodríguez le dijo al soldado:

—¿Cómo te llamas?

—Mi nombre es John.

—Vale, John. Enséñame tu otro brazo.

John levantó su otro brazo. Ese brazo no estaba herido.

—Vale, John. Ahora te voy a dar la medicina.

El médico Rodríguez lo hizo y el soldado notó una **sensación rara**. El médico sabía que los soldados **se mareaban** con la medicina, así que le habló:

—Dime, John. Cuéntame algo de tu vida.

—Bueno, yo soy **huérfano. Nunca he conocido a mis padres.** Cuando cumplí 18 años trabajé de guardia de seguridad.

—¿Dónde trabajaste de guardia de seguridad?

—En mi ciudad había un gran **centro comercial**. Ese centro comercial era el más grande de la región. Había de todo: comida, cines, ropa, coches...

—Cuéntame algo más.

—¿Qué quieres que te cuente?

—**Lo que sea**.

Había pasado un minuto. La medicina estaba haciendo efecto. La medicina no curaba la herida del todo, pero sí una parte.

—**A ver**... Una vez ocurrió algo mientras trabaja de guardia de seguridad.

—¿Qué ocurrió?

—Yo estaba vigilando el parking y escuché **gritos**.

—¿Gritos de quién?

—Gritos de una mujer. Yo no tenía que vigilar el parking, pero no podía **quedarme quieto**. Fui al parking a ver qué ocurría.

—¿Y qué ocurría?

—Había dos hombres **robando** a una mujer. La mujer era **de mi edad**.

Rodríguez se imaginaba qué iba a decir a continuación. Había oído muchas historias de soldados. El soldado John siguió hablando:

—Yo fui donde los hombres y les dije varias cosas.

—¿Qué cosas?

—Les dije que no hicieran daño a la mujer.

—Pero no te hicieron caso. Te ignoraron.

—Sí, así que luché contra ellos y gané la pelea.

Rodríguez miró su reloj. La medicina estaba en el cuerpo del soldado y hacía efecto. Pero el soldado John se estaba mareando un poco. Por eso preguntaba a los soldados sobre su vida y le contaban historias. Así, los soldados se distraían y no sentían la medicina en su cuerpo ni se mareaban.

—¿Y qué ocurrió con esa mujer? —dijo Rodríguez.

—Cuando acabó la pelea, llamé a la policía. Después, los policías llevaron a la mujer a **comisaría**. Allí, le hicieron preguntas, le dieron una manta y un café.

—¿Y después?

—Lo curioso es lo que ocurrió después.

John no dijo nada más. Se mareó unos segundos pero luego recordó aquella situación pasada y volvió a hablar.

—Me despedí de la mujer. Pero poco después encontré algo en el **bolsillo** de mi chaqueta.

—¿Un número de teléfono?

—¿Cómo lo sabes?

El médico y teniente Rodríguez sonrió al soldado John.

—Conozco a tu mujer.

El soldado John se sorprendió mucho.

—¿Cómo es posible?

—¿Trabaja en el ejército?

—¡Sí! ¿La conoces?

—La conozco.

La herida del brazo del soldado John ya no sangraba tanto. Respiró profundamente y siguió hablando:

—¿Has hablado con ella?

—Sí, hace dos semanas. Antes de venir al campo de batalla.

—¿Te contó la historia?

—Sí, hablé con ella y me contó que había un soldado que amaba que se llamaba John. No me dijo tu **apellido** pero sé que eres tú. La historia es la misma.

John se alegró mucho. Estaba escuchando noticias de su **prometida**.
Rodríguez le dijo:
—Es tu prometida, ¿verdad? Iba a **casarse** contigo.
—Sí, quiero casarme con ella.
—Tu brazo ya no sangra, pero es una herida importante. Tengo que llevarte al hospital.
—Entendido.

Rodríguez ayudó a John a andar. Ambos salieron del campo de batalla y entraron en el campamento de su ejército. Allí, Rodríguez llamó a una **enfermera**. La enfermera vino corriendo y Rodríguez le explicó todo. La enfermera le dijo:
—Le voy a llevar al hospital militar de la calle 5. Necesita descansar.

John se despidió de Rodríguez y Rodríguez volvió al campo de batalla. Había otros heridos que curar.

Anexo del capítulo 1

Resumen

Rodríguez es un médico en la guerra. Tiene medicinas muy buenas. En el campo de batalla, conoce a un soldado llamado John. John está herido de un brazo y está sangrando. Rodríguez lo cura. John le cuenta su historia: ayudó a una mujer en un trabajo pasado y ahora es su prometida. Rodríguez le dice que conoce a su prometida y lo saca del campo de batalla para llevarlo a un hospital.

Vocabulario

- **el ejército** = army
- **fuerte** = strong
- **adiestrado** = trained
- **el campo de batalla** = battlefield
- **las medicinas** = medication
- **las heridas** = injuries
- **los soldados** = soldiers
- **la guerra** = war
- **estalló** = broke out (a war)
- **alistó, alistarse** = enlist (army)
- **se sentía mejor** = (he) felt better
- **incómodos** = uncomfortable
- **sangraba** = was bleeding
- **urgentemente** = urgently
- **los disparos** = shots
- **el brazo** = arm
- **te duele** = it hurts
- **te vas a sentir mejor** = you'll feel better
- **la pastilla** = pill

- **la mochila** = bag
- **el barro** = mud
- **húmeda** = wet
- **la sensación rara** = strange feeling
- **se mareaban** = became dizzy
- **el huérfano** = orphan
- **nunca he conocido a mis padres** = I've never met my parents
- **el centro comercial** = mall
- **lo que sea** = anything, whatever
- **a ver** = let's see
- **los gritos** = screams
- **quedarme quieto** = stand still
- **robando** = stealing
- **de mi edad** = of my age
- **la comisaría** = police station
- **el bolsillo** = pocket
- **el apellido** = last name, family name
- **la prometida** = fiancée
- **casarse** = get married
- **la enfermera** = nurse

Preguntas de elección múltiple
Seleccione una única respuesta por cada pregunta

1. La historia ocurre en:
    a. Un hospital
    b. Un parking
    c. Un campo de batalla
    d. Un centro comercial

2. ¿Qué hacía Rodríguez con los soldados heridos?
    a. Los curaba y hablaba con ellos
    b. Los curaba pero no hablaba con ellos
    c. Llamaba a enfermeras para hablar con ellos
    d. b. y c. son correctas

3. John estaba herido de:
    a. Una pierna
    b. Un brazo
    c. El estómago
    d. La cabeza

4. Conoció a su prometida en:
    a. Un hospital
    b. Un parking
    c. Un campo de batalla
    d. Un centro comercial

5. ¿Por qué conoce Rodríguez a su prometida?
    a. Es su hermana
    b. Es una enfermera
    c. Habló con ella antes de ir al campo de batalla
    d. Ninguna es correcta

Soluciones capítulo 1

1. c
2. a
3. b
4. b
5. c

Capítulo 2 – El hospital

John estaba echado en una cama de hospital. Estaba tranquilo y **se estaba curando**. Comía mucho y las enfermeras eran muy amables. La cama de John era muy cómoda y, en su habitación, había una ventana muy grande. Desde la cama, se veía la entrada del hospital y un parque con mucho césped y muchos árboles.

A John todavía le dolía el brazo. La medicina de Rodríguez era muy buena, pero no curaba **del todo**. El soldado seguía en el hospital porque tenía que curarse. Era su segundo día allí y no tuvo visitas.

Un día, John se levantó de la cama. Estaba **prohibido** levantarse de la cama. Las enfermeras no querían que los heridos se levantasen de la cama. Los heridos de guerra podían **empeorar** sus heridas. Ellos tenían que quedarse en la cama. Miró por la ventana varios segundos. Él estaba **débil**, así que **se apoyó** en el cristal.

Justo en ese momento, una enfermera entró en la habitación y vio a John levantado y mirando por la ventana.
—¡Soldado! ¿Qué estás haciendo?

John **se dio la vuelta** y respondió a la enfermera:
—¡No estoy haciendo nada! ¡Solo me he levantado!
—¡Está prohibido levantarse!
—¡Estoy bien!
—¡No! ¡No estás bien! ¡Vuelve a la cama!

John puso mala cara a la enfermera.
«Suficientes órdenes **recibo**», pensó.

Al final, el soldado volvió a la cama y **se tumbó** tranquilamente de nuevo. La enfermera paseó por la habitación. Ella miró los aparatos y los datos. Llevaba un **cuaderno** en las manos y apuntaba cosas con el bolígrafo. John preguntó:

–¿Está todo bien?

–Sí, está todo bien. Los datos son buenos. **Déjame ver** la herida.

La enfermera **se refería a** la herida del brazo. John levantó el brazo y enseñó su herida. La enfermera cogió el brazo de John, tenía una **venda**. La venda estaba **seca,** así que no sangraba. La enfermera apuntó más cosas en su cuaderno.

–Tienes el brazo bien. **En una semana podrás irte**.

–¡Una semana! ¡Es mucho tiempo! ¡Qué aburrimiento!

–Eres muy **quejica**, John. Son órdenes de los médicos. **No dispares al mensajero**.

John **gruñó**. No quería quedarse una semana más en el hospital. El hospital era aburrido y no sabía qué hacer. Solo miraba por la ventana y pensaba.

La enfermera **estuvo a punto** de irse pero antes de cerrar la puerta, le dijo a John:

–¡Ah! ¡**Casi se me olvida**! En una hora tienes visita.

Sus amigos y su familia estaban muy lejos, por eso no tenía visitas. Pero él no entendía. ¿Quién era la visita? ¿Un soldado, un amigo, un familiar?

–¿Quién es? –preguntó.

–Es una **sorpresa**.

La enfermera rió y cerró la puerta, saliendo de la habitación.

Pasó una hora y alguien **tocó a la puerta**.

—**Pasa** —dijo John.

La puerta se abrió y Rodríguez entró a la habitación. John casi no lo **reconocía** sin su uniforme de médico ni el barro.

—¡Rodríguez!

—¿Qué tal, compañero?

—Muy bien, pero me aburro mucho.

Rodríguez dejó la chaqueta en un sillón de al lado y se sentó. Él sonrió a John:

—**Tengo buenas noticias**. ¿Quieres oírlas?

—¡Claro!

—Sé dónde está tu prometida, pero también tengo malas noticias.

—¿Le ha pasado algo a Beth?

—No, está bien. Todo está bien, pero ella no sabe dónde estás.

—¿Por qué no lo sabe?

—¡**No le ha llegado tu mensaje**!

John le había enviado un mensaje el día anterior. El mensaje era por correo electrónico. ¿Por qué no había llegado?

—¿Ella es médico también? —preguntó Rodríguez.

—Sí, ella es médico. Pero está en otro campo de batalla. Trabaja allí.

—Curioso. Nunca le pregunté si era soldado o médico.

—Pues es médico, como tú. ¿Por qué no le ha llegado el mensaje?

—**Ha habido problemas** con las comunicaciones. Están intentando arreglarlas.

—Entiendo. Espero que ella esté bien.

—Seguro que sí.

John y Rodríguez hablaron durante mucho tiempo. Hablaron de todo. Hablaron de los amigos, de la familia, de sus casas... En poco tiempo, **se convirtieron** en muy buenos amigos.

Ya casi era de noche y Rodríguez tenía que irse.

—Es de noche, John, tengo que irme. Mañana trabajo.

—¿Vas a la guerra?

—No, voy a trabajar cerca de este hospital, en otra sección.

—Está bien.

Antes de irse, Rodríguez se quedó pensando y llegó a una conclusión.

—John, voy a hacer algo.

—¿Qué vas a hacer?

—Como no hay comunicaciones con Beth, tu prometida, **voy a intentar** hablar con ella.

—Pero si no hay comunicaciones, no puedes.

—Sí puedo. Voy a ir allí.

—¡Pero tienes que trabajar!

Rodríguez sabía que no podía irse. Tenía que trabajar, así que buscó una solución.

—¡Ya sé! Trabajaré en el ejército, pero donde está Beth.

—¿Para hablar con ella?

—Sí.

—Es una buena idea.

Rodríguez tenía que **conseguir** hablar con Beth. Beth tenía que hablar con John. Estaban prometidos y seguro que querían hablar de muchas cosas.

110

—Me voy ya, John —le dijo Rodríguez.

—Gracias por todo, amigo.

—**Encontraré** a Beth y le diré que estás bien.

Anexo del capítulo 2

Resumen

El soldado John está en el hospital. Se aburre mucho. No sabe qué hacer. La enfermera entra en la habitación y le dice que vuelva a la cama. John se está curando bien y tiene una visita. La visita es Rodríguez. Hablan mucho y al final Rodríguez le dice que va a buscar a su prometida Beth. John no puede hablar con ella. Al final se hacen amigos.

Vocabulario

- **se estaba curando** = (he) was healing
- **del todo** = completely
- **prohibido** = forbidden
- **empeorar** = get worse
- **débil** = weak
- **se apoyó** = (he) relied on
- **justo en ese momento** = right at that moment
- **se dio la vuelta** = he turned around
- **recibo** = receive (orders)
- **se tumbó** = lay down
- **el cuaderno** = notebook
- **déjame ver** = let me see
- **se refería a** = referred to
- **la venda** = bandage
- **en una semana podrás irte** = you can leave in one week
- **quejica** = moaner, whiner
- **no dispares al mensajero** = don't shoot the messenger
- **gruñó** = groan, moan

- **estuvo a punto** = nearly
- **casi se me olvida** = I almost forget
- **la sorpresa** = surprise
- **tocó a la puerta** = knocked
- **pasa** = come in
- **reconocía** = recognise
- **tengo buenas noticias** = I have good news
- **no le ha llegado tu mensaje** = the message has not gone through
- **ha habido problemas** = there have been problems
- **se convirtieron** = they became
- **voy a intentar** = I'll try
- **conseguir** = get, reach
- **encontraré** = I'll find

Preguntas de elección múltiple

Seleccione una única respuesta por cada pregunta

6. Este capítulo ocurre en:
    a. Un campo de batalla
    b. Una ciudad
    c. Un hospital
    d. Un parking

7. La herida de John:
    a. No está curándose
    b. Está curándose
    c. Se ha curado completamente
    d. Está igual

8. La enferma se llama:
    a. Beth
    b. Claudia
    c. Verónica
    d. Ninguna de las anteriores

9. ¿Por qué la prometida de John no recibe su mensaje?
    a. No se sabe donde está
    b. Problemas de comunicaciones
    c. Problemas en la guerra
    d. Ninguna de las anteriores

10. John tiene que trabajar pero al final decide:
    a. Ir a la guerra
    b. Ir al mismo campo de batalla
    c. Ir al campo de batalla de Beth
    d. No ir a la guerra

Soluciones capítulo 2

6. c
7. b
8. d
9. b
10. c

Capítulo 3 – La búsqueda

Aquella noche, Rodríguez durmió en un hotel cerca del hospital militar. Fuera del hospital llamó a un taxi y llegó al hotel. En el hotel, pidió una **habitación** a la recepcionista:

—Buenas noches. Quisiera una habitación para esta noche, por favor, sin desayuno.

—Muy bien, señor. ¿Dónde quiere la habitación?

—**Me es indiferente.**

—Muy bien, aquí tiene la llave de la habitación con el número. ¿**Va a pagar usted con tarjeta**?

—Sí, aquí tiene.

La recepcionista le **cobró** con la tarjeta de crédito y se la devolvió.

—Muchas gracias, señor. Buenas noches.

—Buenas noches a usted también.

Rodríguez se levantó al día siguiente y cogió otro taxi hacia el aeropuerto. La guerra no había llegado a la ciudad pero el campo de batalla estaba **cerca**, el campo de batalla donde había conocido a John.

Cogió un avión y viajó hasta la ciudad cerca del campo de batalla donde estaba Beth. Salió del avión y lo recibió un general. Rodríguez **saludó** al general.

—Buenos días, general.

El general le explicó las noticias del campo de batalla de aquella ciudad. Allí, la guerra era más intensa que en el campo de batalla donde conoció a John. Rodríguez estuvo hablando mucho tiempo con el general y **se puso al día**.

Cuando Rodríguez terminó de hablar con el general, fue a la cafetería. Allí, había muchos soldados desayunando y algunos soldados heridos. Los soldados esperaban para ir a **batalla.** No había tensión. Los soldados **bromeaban** y se reían. Rodríguez vio una mesa con tres soldados y una silla **vacía**. Se sentó en la silla vacía:

—Hola —dijo él a los soldados.
—Hola, compañero —le dijeron los soldados.
—Estoy buscando a una persona.
—¿Un soldado?
—**Más o menos**, es un médico militar.
—¿Cómo se llama?
—Se llama Beth.

Los soldados **intercambiaron miradas.** Sus **expresiones** lo decían todo.

—**Lo sentimos**, no conocemos a nadie que se llame así.

—**Qué pena**.

Rodríguez estuvo a punto de irse, pero los soldados le dijeron:

—¡Oye! ¿Ya te vas?
—Sí, tengo que buscar a Beth. Es importante.
—¿Por qué es tan importante Beth? —dijo otro de los soldados.
—Es la prometida de un amigo mío. **Tengo que encontrarla**.
—¿Cómo se llama tu amigo?
—Se llama John.

Los soldados volvieron a intercambiar miradas.
—¿John? ¿**Pelirrojo**, alto, herido de un brazo?

—¡Sí! ¡Es él!

—¡**Sabemos** quién es!

Rodríguez se alegró mucho. Los soldados sabían quién era su nuevo amigo.

—¿Le conocéis **desde hace mucho tiempo**?

—Sí, en el pasado **entrenamos** juntos en la base. No sabemos el nombre de su prometida, pero ahora sabemos que se llama Beth.

—Pero no sé dónde está. No sé dónde puedo encontrarla.

Uno de los soldados se quedó pensando. Beth... Beth... El nombre **le sonaba**. Al final, le dijo a Rodríguez:

—¿Cómo te llamas?

—Rodríguez.

—Creo que sé dónde puede estar Beth.

—¿Cómo lo sabes?

—Ahora me acuerdo de Beth. Ven conmigo.

El soldado que conocía a Beth fue con Rodríguez hasta el general.

—General, ¿podemos hablar con usted? —le dijo el soldado.

—Adelante, hablen.

—¿Conoce usted a una médico llamada Beth?

—Sí, la conozco. Está en el campo de batalla ahora mismo.

Rodríguez sabía que era **difícil** entrar en el campo de batalla, pero le preguntó al general:

—¿Puedo entrar al campo de batalla, señor? **Quisiera participar** en la batalla.

—Vamos a mandar a 300 soldados más dentro de una hora.

—Yo también quiero ir.

—**Como quiera** —dijo el general.

Una hora después, Rodríguez y el soldado se pusieron sus uniformes. Rodríguez era médico, pero su nuevo compañero era soldado. Rodríguez aún no sabía su nombre, así que antes de ir al campo de batalla le preguntó:

—¿Cómo te llamas, soldado?

—Me llamo David.

Rodríguez y David entraron en el campo de batalla. Había muchos disparos, soldados, heridos y gritos. Muchas explosiones, barro, tierra y **edificios destruidos**. Lucharon durante muchos minutos y llegaron a un edificio **en ruinas**.

En el edifico en ruinas, había varios soldados heridos y una médico. ¡Seguro que era Beth! Rodríguez y David lucharon hasta entrar en el edificio en ruinas y Rodríguez habló con ella:

—¿Eres Beth?

—Sí, soy yo. Estoy ocupada. Estoy curando a varios soldados. ¿Que queréis?

—Tengo un mensaje de tu prometido.

—¿Mi prometido? ¿John? ¿Está bien?

Rodríguez se quedó pensando varios segundos. Había muchos disparos y tenían que **hablar muy alto**. David protegía la entrada **mientras** los médicos hablaban.

—John está herido en un hospital militar, pero está bien. Él te mandó un mensaje, pero aquí no hay comunicaciones.

—Hace días que no tenemos comunicaciones. Han destruido la torre de radio. ¿Cuál es el mensaje?

Rodríguez resumió el mensaje con una frase:

—John quiere casarse contigo **cuando acabe la guerra**.

Anexo del capítulo 3

Resumen

Rodríguez sale del hospital, coge un taxi y duerme en un hotel. Coge un avión y viaja al campo de batalla donde está Beth. Pregunta al general y a varios soldados. Rodríguez conoce a David, otro soldado. Entran en la batalla y encuentran a Beth. Rodríguez le dice a Beth que John quiere casarse con ella cuando acabe la guerra.

Vocabulario

- **la búsqueda** = search
- **la habitación** = room
- **me es indiferente** = I don't mind
- **¿Va a pagar usted con tarjeta?** = Are you paying with a credit card?
- **cobró** = charged
- **cerca** = near
- **saludó** = saluted
- **se puso al día** = (he) brought himself up to speed
- **la batalla** = battle
- **bromeaban** = (they) were joking
- **más o menos** = more or less
- **intercambiaron miradas** = exchange looks
- **las expresiones** = expressions
- **lo sentimos** = we are sorry
- **qué pena** = what a pity
- **tengo que encontrarla** = I have to find her
- **pelirrojo** = red-haired, ginger
- **sabemos** = we know
- **desde hace mucho tiempo** = for a long time

- **entrenamos** = trained
- **le sonaba** = seemed familiar, rang a bell
- **difícil** = hard
- **quisiera participar** = I would like to participate
- **como quiera (usted)** = as you like
- **los edificios destruidos** = destroyed buildings
- **en ruinas** = in ruins
- **hablar muy alto** = speak very loudly
- **mientras** = while
- **cuando acabe la guerra** = when the war finishes

Preguntas de elección múltiple
Seleccione una única respuesta por cada pregunta

11. ¿Dónde duerme Rodríguez?
    a. En el hospital militar
    b. En un hotel
    c. En un coche
    d. En avión

12. ¿Cómo viaja Rodríguez al otro campo de batalla?
    a. En avión
    b. En coche
    c. En tren
    d. En taxi

13. ¿Quién sabe dónde esta Beth?
    a. El soldado David
    b. El general
    c. Otro soldado
    d. Ninguna de las anteriores

14. David y Rodríguez:
    a. Eran amigos del pasado
    b. Eran hermanos
    c. Eran médicos
    d. Ninguna de las anteriores

15. ¿Dónde estaba Beth?
    a. En una torre de radio
    b. En un edificio
    c. En un edificio en ruinas
    d. En un avión

Soluciones capítulo 3

11. b
12. a
13. b
14. d
15. c

This title is also available as an audiobook.

For more information, please visit the Amazon store.

5. Rock

Capítulo 1 – El camión

Hola. **Me presento.** Me llamo Frank y estos son mis **recuerdos**. No sé cómo sabes dónde estaba este pequeño libro, pero aquí están escritos mis recuerdos.

Yo soy un hombre viejo ya, he vivido mucho, pero tuve una juventud muy animada. En mi **juventud**, yo tenía una banda de rock, un grupo de música. Puedes leer mis recuerdos. Todo empezó así:

Hace muchos años, yo vivía en Estados Unidos. Allí, trabajaba en un **taller** de **reparación** de camiones. Me gustaban mucho los camiones y por eso estudié mecánica durante dos años y después trabajé durante un año reparando camiones para aprender como **becario**.

Cuando acabé mis estudios y mi trabajo de un año, recibí mi **título**. El título decía que yo había **aprobado** todas las **asignaturas** y que había trabajado un año eficientemente. Después de eso, mi jefe de las **prácticas** me dijo:

—¡Frank!

Mientras mi jefe me hablaba, yo estaba entrando a un autobús para irme a casa. Tenía que ir a mi casa con mis padres. Mi padre siempre traía un periódico a casa donde había ofertas de trabajo. En esas ofertas de trabajo, había cosas muy interesantes. Yo respondí a mi jefe:

—¿Quieres algo, Harry?

—Sí, espera, no te vayas todavía —me dijo.

Harry parecía que quería decirme algo. Yo no sabía qué era. Yo ya había acabado mi trabajo. Pero él habló y me dijo:

—Ven conmigo de nuevo al taller, tengo algo para ti.

Yo sonreí y le dije:
—¿Una **sorpresa**?
—Algo parecido. Vamos a hablar un poco.

El autobús **pasó de largo** y yo volví con Harry al taller. En el taller estaban mis compañeros de prácticas que me saludaron **una vez más** y yo entré en el despacho de Harry. Harry se sentó en su silla y yo me quedé **de pie**.

—¿No te sientas, Frank?
—No, estoy bien así.
—Como quieras. No voy a tardar mucho. Solo quiero decirte una cosa.

En ese momento, yo me preocupé. ¿Había hecho algo mal? ¿Había algún problema? Finalmente, Harry me dijo:
—Quiero que sigas trabajando para mí.

Entonces me alegré mucho porque eso significaba que iba a tener trabajo. Buscar trabajo en aquellos tiempos era difícil. Mejor tener un trabajo allí, me gustaba el taller de camiones. Harry vio que yo no decía nada, así que me dijo:

—¿Y bien? ¿Qué dices? ¿Quieres seguir trabajando?
—¡Claro que sí! —le dije—. ¡Sin ninguna duda!
—Está bien, vas a trabajar como hasta ahora. Vas a reparar camiones, los vas a **pintar**, los vas a **limpiar** y vas a **atender a los clientes**.

—Entendido. ¿Cuándo empiezo?

—El lunes a las 8. Hoy es viernes, pero descansa. Pasa un buen fin de semana y nos vemos el lunes.

Así que, ese lunes tenía trabajo. Fui corriendo a casa y les dije a mis padres que tenía trabajo. Mi padre había cogido el periódico para buscar trabajo conmigo.

—¡Ya no necesitamos el periódico! —dijo riéndose—. ¿Y dónde vas a trabajar?

—En el mismo sitio donde hice las prácticas. En el taller de camiones. Harry me ha contratado para seguir trabajando y estoy muy contento. Me gustan los camiones y me gusta trabajar allí.

—Muy bien, hijo. ¿Cuándo empiezas?

—Este lunes.

—Perfecto, tu madre y yo estamos muy contentos.

Mi madre me dio un beso. Después de eso, estuve todo el fin de semana con mis amigos y amigas. Salimos de **fiesta** y fuimos a conciertos. El lunes a las 8 de la mañana estuve en el taller de Harry.

Harry vio que mi cara no era buena.

—¡Vaya, **muchacho**! ¿Qué te ha pasado?

—Un fin de semana muy **movido.** Eso es lo que me ha pasado.

—¿Mucha fiesta?

—Sí, eso eso.

—Y cervezas.

—Por supuesto.

—¡Jajaja!

Harry era mi jefe, pero también empezaba a ser un amigo mío. Era un jefe muy **cercano**, estricto con su negocio, pero muy cercano. Yo hablaba con él como con mis amigos. Hablábamos de todo mientras trabajábamos y **me pagaba bien**. También me enseñaba muchas cosas sobre los camiones. Mi trabajo era **estimulante**.

En fin, ¿qué más puedo decir? Tenía un trabajo y tenía amigos. Mis padres me ayudaban en casa con mis cosas y yo era feliz. Pero a partir de trabajar en aquel taller, mi vida cambió. ¿Quieres saber por qué? Lo explico.

Un día normal en el taller, vino un camión rojo y negro. El camión era de una banda de música. El cantante habló con Harry, pero yo escuché la conversación:

–¡Hey! ¡Buenos días!

–Hola, chicos. ¿En qué os puedo ayudar?

–Necesitamos un ayudante para nuestra **gira.** Tocamos por todo Estados Unidos, **de norte a sur**, puede que también en Canadá. Nuestro camión está viejo y no podemos comprar otro nuevo para llevar las cosas de la banda. ¿Aquí es posible contratar a alguien temporalmente para que revise el camión **de vez en cuando** en la gira? Podemos pagar bien.

Yo escuché que Harry le contestó:

–Lo siento, pero aquí solo reparamos camiones, los pintamos, y los limpiamos. No ofrecemos ese tipo de servicios.

El cantante de la banda dijo:

–**Es una pena**.

El cantante casi se fue, pero yo le dije:

–¡Harry! ¡**Iré yo**!

–¿Estás seguro?

—Sí, además estas semanas no va a haber mucho trabajo en el taller.

Harry se quedó pensando un momento, hasta que al final dijo:
—Bueno, si eso es lo que quieres...
—Sí, gracias, Harry.

Harry preguntó al cantante:
—¿Cuánto dura la gira?
—Un mes y medio. En mayo se acaba.
—Perfecto. Podemos hacer el contrato ya. Sígueme.

Ambos hicieron el contrato y yo firmé. La aventura comenzaba en ese momento. Fui a casa de mis padres y me despedí de ellos. Pasé un último fin de semana con mis amigos bebiendo varias cervezas y después, el camión me estaba esperando en la **autopista** que salía de la ciudad.

Anexo del capítulo 1

Resumen

La historia son los recuerdos de Frank. Él vivía en Estados Unidos y estudió mecánica. Cuando acabó las prácticas, Harry, su jefe, lo contrató. Trabajaba en un taller de camiones y un día, llegó una banda de música con un camión. Necesitaban un ayudante para su gira. Frank fue con ellos.

Vocabulario

- **camión** = truck
- **me presento** = allow me to introduce myself
- **los recuerdos** = memories
- **la juventud** = youth
- **el taller** = garage
- **la reparación** = repair
- **el becario** = intern
- **el título** = degree
- **aprobado** = passed
- **las asignaturas** = subjects
- **las prácticas** = internship
- **la sorpresa** = surprise
- **pasó de largo** = passed by
- **una vez más** = once again
- **de pie** = standing
- **pintar** = paint
- **limpiar** = clean
- **atender a los clientes** = serve customers
- **la fiesta** = party
- **el muchacho** = boy

- **movido** = busy, bustling
- **cercano** = close
- **me pagaba bien** = he paid me well
- **estimulante** = stimulating
- **la gira** = tour
- **norte a sur** = north to south
- **de vez en cuando** = from time to time
- **es una pena** = it's a shame
- **iré yo** = I'll go
- **la autopista** = highway

Preguntas de elección múltiple
Seleccione una única respuesta por cada pregunta

1. Frank vivía en:
   a. Estados Unidos
   b. Canadá
   c. México
   d. Reino Unido

2. ¿Dónde fue el primer trabajo de Frank?
   a. En una banda de música
   b. En un taller de camiones
   c. En un taller de coches
   d. Cantando en un camión

3. ¿Qué hacía Frank en ese trabajo?
   a. Reparaba camiones y pintaba coches
   b. Reparaba coches y pintaba camiones
   c. Reparaba coches, pintaba coches y limpiaba coches
   d. Reparaba camiones, pintaba camiones y limpiaba camiones

4. ¿Cómo era el jefe de Frank?
   a. Muy estricto y poco hablador
   b. Muy estricto y nada hablador
   c. Estricto y hablador
   d. Ninguna de las anteriores

5. El camión que llegó al taller era:
   a. Un camión de Harry
   b. Un camión de una banda
   c. Un camión del padre de Frank
   d. Un camión de Frank

Soluciones capítulo 1

1. a
2. b
3. d
4. c
5. b

Capítulo 2 – El primer concierto

El camión estaba esperando en la autopista. La autopista estaba lejos de mi casa, así que tuve que ir en autobús. Allí estaban todos los **miembros** de la banda esperando. El camión estaba detenido, listo para **arrancar**.

El cantante salió del camión y comenzó a hablarme:
–¡Frank! ¡**Me alegro de verte**!
–Hola.
–¡Ja! ¡Es cierto! ¡No sabes mi nombre! ¡Me llamo Connor!
–**Encantado** de verte de nuevo, Connor.
–Ven, voy a presentarte a mi banda.

Connor me presentó **al resto** de su banda:
–Mira, estos son Alicia, Ethan y Billy.

Todos los miembros de la banda me saludaron.
–Hola, Frank. ¡**Esto va a ser genial**! –dijo Alicia.
–Sí, yo también lo creo –respondí.

Connor nos dijo:
–¡Venga! ¡Vamos dentro! ¡Comenzamos nuestro **viaje**!

Alicia, Ethan y Billy se sentaron delante del camión, pero Connor y yo nos sentamos detrás del camión. Era como una pequeña habitación. Había un pequeño sofá, guitarras y **bajos**. La batería de la banda estaba guardada en otro sitio.
–¿No sabes mucho de nosotros, verdad Frank? –me dijo Connor.
–La verdad es que no. Solo sé que sois un **grupo** de rock.
–¿Has escuchado alguna vez algún disco nuestro?

—No, no he escuchado ningún disco, pero **una vez** os vi en un concierto.

—¿Nos viste en un concierto?

—Pero hace ya mucho tiempo, **no me acuerdo de nada**. Yo **solía ir a conciertos** con mis amigos.

Eso era verdad. Yo conocía a la banda, pero muy poco. Les había visto tocar en un concierto con mis amigos hacía muchos meses, **puede** que años. Ahora, la banda iba a empezar su gira por todo el país. Eso era bueno, significaba que habían **crecido** como banda y que habían vendido más discos. Me interesaba mucho, porque me gustaba el rock, así que le pregunté a Connor:

—Oye. Cuéntame. La gira es por muchas ciudades de Estados Unidos, ¿verdad?

—Sí, hace poco nos visitó un hombre en un concierto.

—¿Quién era ese hombre?

—Era un representante de una discográfica. Preparó una gira por varias ciudades de Estados Unidos para nosotros. Decía que quería contratarnos. Él se lleva una **comisión** y nosotros hacemos conciertos por todo el país.

—¿Todo eso en menos de dos meses?

—Sí, es poco tiempo. Pero no pasa nada. No son muchas ciudades.

—Es emocionante.

—Sí, Frank. Aunque nuestro camión está viejo y hace **ruidos** raros. Por eso estás aquí.

Yo me reí porque me hizo gracia su manera de hablar. Era un hombre muy alegre y muy animado. También era muy **gracioso**.

Connor siguió hablando:

136

—Espero que el camión **aguante**.

—Yo también, no quiero trabajar demasiado.

Connor se rió.

—Bueno, eso es cierto. Te vamos a pagar **igualmente**.

Alicia escuchó el comentario desde la parte frontal del camión y gritó:

—¡Connor! ¡Hemos contratado a un **vago**!

Connor le respondió:

—¡**Qué va**! ¡Es igual que nosotros!

El viaje de aquel día fue muy divertido. Me reí mucho y **congenié** con los miembros de la banda. Era gente muy divertida. Yo me quedé dormido durante un par de horas y **se hizo de noche**. Cuando me desperté, Alicia me estaba mirando:

—¡Buenos días, Frank! O mejor dicho... ¡Buenas noches!

—¿Qué hora es?

—Las 9 de la noche. ¡Perfecto para un concierto de rock! Connor te está esperando fuera.

Me desperté y salí del camión.

—Vamos, despierta, Frank. **Échale un vistazo** al camión. Comprueba la **gasolina** y las ruedas. De momento, eso es suficiente.

Durante 30 minutos, comprobé todo el camión. **Todo parecía estar perfectamente**. Fui dentro del **local** donde iba a ser el concierto. Allí, había una sala especial para las bandas que se preparaban antes de tocar. Allí estaban todos los miembros.

Connor era el **cantante** y estaba haciendo ejercicios de voz.

Alicia era la **guitarrista** y estaba afinando las cuerdas de su guitarra.

Billy era el **bajista** y estaba cambiando las cuerdas de su bajo.

Ethan era el **batería** y estaba haciendo ejercicios con la **muñeca**.

Connor me vio y me habló:

—¿El camión está bien, Frank? Vamos a tocar dentro de poco tiempo.

—Sí, está todo perfecto.

—¡Muy bien! Puedes vernos tocar si quieres.

—**Lo haré**.

Salí de la sala y pedí una cerveza en el local. Esperé varios minutos con más gente. Había muchísima gente en el local. Connor, Alicia, Ethan y Billy salieron al **escenario** y tocaron su música rockera durante 1 hora y media. En aquel momento, observé lo buenos que eran. Sí, eran muy buenos. Aún me acuerdo. **Desde entonces**, quise escuchar más.

Cuando acabó el concierto, los miembros de la banda salieron uno a uno del local. Los fans querían autógrafos y fotos. Yo esperaba en el camión. El primero en entrar fue Connor. Yo estaba sentado en el sofá **mientras** escuchaba música.

—¿Qué te ha parecido, Frank?

—¡Me ha encantado!

—¿En serio?

—¡Sí! ¡**No miento**!

—¡Genial!

Esta vez, conducía Ethan, el batería. Connor siguió hablando:

—**Vamos a tardar** 12 horas en llegar a la siguiente sala.

—Tenemos mucho tiempo todavía.

—Sí. Necesitamos dormir un poco.

El camión arrancó de nuevo y yo me dormí feliz. La vida de rockero parecía **fascinante**.

Anexo del capítulo 2

Resumen

Frank comienza el viaje con la banda de rock. Dentro del camión, habla con Connor y se cuentan muchas cosas. Al llegar a la sala donde está el concierto, Frank mira el camión, está perfecto. Él se queda a ver el concierto y le gusta mucho. Al volver de la sala, el camión vuelve a arrancar y se dirigen hacia la siguiente sala.

Vocabulario

- **los miembros** = members
- **arrancar** = start
- **me alegro de verte** = I'm glad to see you
- **encantado** = pleased, happy, glad
- **al resto** = the rest
- **esto va a ser genial** = this is going to be great
- **el viaje** = travel
- **los bajos** = bass guitars
- **el grupo** = band
- **una vez** = once
- **no me acuerdo de nada** = I don't remember anything
- **solía ir a conciertos** = I used to go to concerts
- **puede** = maybe
- **crecido** = grow
- **la comisión** = fee
- **los ruidos** = noises
- **gracioso** = funny
- **aguantar** = hold on, hang on
- **¡Qué va!** = No way!

- **congeniar** = get on
- **se hizo de noche** = night fell
- **échale un vistazo** = take a look at
- **la gasolina** = gasoline, petrol, gas
- **todo parecía estar perfectamente** = everything seemed to be perfect
- **el cantante** = singer
- **la guitarrista** = guitarist
- **el bajista** = bassist
- **el batería** = drummer
- **la muñeca** = wrist
- **lo haré** = I'll do it
- **el escenario** = stage
- **desde entonces** = since then
- **no miento** = I don't lie
- **vamos a tardar** = it will take
- **fascinante** = amazing

Preguntas de elección múltiple

Seleccione una única respuesta por cada pregunta

6. El cantante se llama:
    a. Ethan
    b. Alicia
    c. Connor
    d. Billy

7. El batería se llama:
    a. Ethan
    b. Billy
    c. Connor
    d. Alicia

8. ¿De qué género es la banda?
    a. Rap
    b. Rock
    c. Jazz
    d. Heavy metal

9. ¿Frank conocía a la banda anteriormente?
    a. Verdadero
    b. Falso

10. ¿Cuánto tiempo se duerme Frank?
    a. Media hora
    b. Una hora
    c. Dos horas
    d. Doce horas

Soluciones capítulo 2

6. c
7. a
8. b
9. a
10. c

Capítulo 3 – El concierto inesperado

Dormí durante muchas horas. **La verdad es que** no sé cuántas horas dormí. Sólo recuerdo que me desperté y no había nadie en el camión. ¿Dónde estaban todos? ¿Dónde estaba Alicia? ¿Dónde estaba Connor? No lo sabía. Solo sabía que ya era de día. Ya no era de noche.

Me levanté del sofá donde había dormido. Había una **nota pegada** en la pared del camión. Era curioso, porque al principio yo no sabía dónde estaba. Era la primera noche que dormía en ese camión. El interior del camión parecía una habitación, no parecía un vehículo.

Cogí la nota y la leí.

«Hemos salido a desayunar algo. Estabas muy dormido y no te hemos despertado. Por favor, cuando te despiertes, **revisa** el camión otra vez. Es importante, tenemos otro concierto esta noche».

Leí la nota y la dejé **donde estaba**. Miré por la ventana del camión y vi un parking con una zona de desayuno. No sé si la banda estaría desayunando allí, así que salí del camión y entré en la cafetería.

–Buenos días –le dije al camarero.
–Hola, ¿qué deseas?
–Un café con leche, por favor, y con **azúcar**.
–Ahora mismo.

Mientras pedía el café, no vi a nadie sentado en las mesas. No estaban allí pero bebí mi café **tranquilamente**.

Acabé mi café y salí de la cafetería. Cogí algo de comer del camión y esperé fuera. La banda llegó en pocos minutos.

Connor estaba **alegre**, como siempre. Me saludó y me dio los buenos días:

—¡Frank! ¡Buenos días, amigo! ¿Qué tal? ¡Has dormido **un montón** de horas!

—**¿Qué hay**, Connor? Sí, acabo de tomarme un café a ver si despierto del todo.

—Bueno, **en marcha**.

La banda y yo entramos en el camión. **Esta vez** lo conducía Alicia. Estuvimos varias horas hablando, **jugando a las cartas** y bebiendo unos refrescos. **De repente**, el camión se detuvo y empezó a salir **humo** por la parte frontal.

—¡Oh, no! —dijo Alicia.

Connor se levantó del sofá y fue donde Alicia.

—¿Qué ocurre, Alicia?

—No lo sé, parece que hay un problema en el camión.

Connor me habló:

—Frank, ¿has revisado el camión?

Y **en ese preciso momento** es cuando me acordé. No, no había revisado el camión. ¡La nota! ¡Se me había olvidado cuando fui a tomar el café!

—Oh, no, Connor, **lo siento mucho**. No me he acordado.

—No pasa nada, Frank. Pero tenemos que encontrar una solución.

—¿Dónde estamos?

—No lo sé, coge el mapa.

Cogí un mapa que había en el camión y **señalé** dónde estábamos. Estábamos en medio de una ciudad, al lado de una plaza.

Alicia dijo a Connor:

—¿Qué hacemos ahora? ¡Tenemos que estar en el local dentro de una hora!

—No podemos transportar todos los instrumentos al local en una hora. Tenemos que cancelar el concierto.

Todos los miembros de la banda parecían tristes. Ethan, el batería, dijo:

—Tenemos que cancelar el concierto, sí.

—**Tienes razón**, Ethan —dijo Billy.

Era mi culpa. Tenía que hacer algo.

—¡Tengo una idea!

En ese momento, tuve una idea muy buena. Connor preguntó:

—¿Cuál?

—¿Tenemos batería portátil?

—Sí.

—¿Podemos **enchufar** los instrumentos a la batería?

—Sí.

—¿Durante cuánto tiempo?

—Aproximadamente durante 2 horas.

—¡Es perfecto!

—No lo entiendo.

—Llama al representante de la discográfica y dile que vais a hacer el concierto aquí.

Toda la banda me miró, extrañada, pero finalmente Connor llamó al representante y le explicó todo. Cuando colgó el teléfono, me sonrió:

—Es una **locura**, pero puede que sea buena idea.

Toda la banda salió del camión con los instrumentos y los pusieron en la calle. En la calle pasaba mucha gente y se quedaron mirando. Yo me puse delante de ellos

Connor, con el micrófono en la mano, dijo:
—¿Listos? Uno, dos, tres...

Ethan empezó a tocar la batería, Billy comenzó a tocar el bajo y Alicia la guitarra. Pocos segundos después, Connor empezó a cantar.

Pocos minutos después, casi 500 personas miraban el concierto. Muchas más personas que en cualquier local. Era increíble. La gente hacía muchas fotos, comentaban, se reían. También había **periodistas grabando** todo.

El representante no llegó nunca al concierto, así que poco después decidimos cambiarlo. Yo empecé a trabajar como nuevo representante o manager de la banda. Un día, llamé a Harry y le agradecí el trabajo del taller, pero le dije que iba a cambiar de trabajo. Él me dijo:

—Está bien, muchacho. Lo entiendo. ¿Quién no quiere ser una estrella del rock? Te deseo **suerte**.
—Gracias, Harry. **Hasta más ver**. —le contesté.

Esta es la historia de cómo me convertí en el manager de la banda. Hay más historias para contar, pero esta me gusta, sin ninguna duda. ¡Viva el rock!

Anexo del capítulo 3

Resumen

Frank se despierta y no hay nadie. Lee una nota de Connor que le avisa de revisar el camión. Se toma un café y siguen el trayecto. Se olvida de revisar el camión y se rompe. Se detienen en medio de una ciudad, pero tocan en una plaza. Poco después, Frank se convierte en el representante o manager de la banda de rock.

Vocabulario

- **inesperado** = unexpected
- **la verdad es que** = the truth is
- **la nota** = note
- **pegada** = stuck, glued
- **revisar** = examine, check
- **donde estaba** = where it was
- **el azúcar** = sugar
- **tranquilamente** = calmly
- **alegre** = happy
- **un montón** = a lot
- **¿Qué hay?** = What's up?
- **en marcha** = let's move
- **esta vez** = this time
- **jugando a las cartas** = playing cards
- **de repente** = suddenly
- **el humo** = smoke
- **en ese preciso momento** = at that very moment
- **lo siento mucho** = I'm so sorry
- **señalé** = pointed at
- **tienes razón** = you are right

- **era mi culpa** = it was my fault
- **enchufar** = plug in
- **la locura** = madness
- **los periodistas** = journalists
- **grabando** = recording
- **la suerte** = luck
- **hasta más ver** = see you
- **la que más** = the most

Preguntas de elección múltiple
Seleccione una única respuesta por cada pregunta

11. ¿Qué ve Frank al despertarse?
    a. Un café
    b. Una nota
    c. A Connor
    d. Una cafetería

12. ¿Dónde están los miembros de la banda?
    a. En la cafetería
    b. En el camión
    c. En una plaza
    d. No se sabe

13. ¿Dónde se rompe el camión?
    a. En medio de un bosque
    b. En medio de una playa
    c. En medio de una ciudad
    d. En medio de una autopista

14. ¿Qué hacen cuando se rompe el camión?
    a. Cancelan el concierto
    b. Piden ayuda
    c. Cambian de representante
    d. Hacen el concierto en la calle

15. ¿Cuál es el nuevo trabajo de Frank?
    a. Manager
    b. Camionero
    c. Bombero
    d. Ninguna de las anteriores

Soluciones capítulo 3

11. b
12. d
13. c
14. d
15. a

6. El Comerciante

Capítulo 1 – La mujer misteriosa

Mi nombre es Valor. Soy un **comerciante** de tierras muy lejanas. Siempre comercio con diferentes productos en diferentes ciudades. Normalmente, viajo mucho. Viajo de ciudad en ciudad y de **reino** en **reino**. Mi trabajo es comerciar con diferentes cosas para ayudar a la gente. Yo cobro monedas de oro y **a cambio**, vendo productos útiles para las ciudades.

Esta historia comienza en el **camino** de la primera ciudad. La primera ciudad que visito este año se llama Roca Gris. ¿Cómo es Roca Gris? Bueno, pues es una ciudad de tamaño pequeño. Se llama Roca Gris porque la ciudad tiene una **colina** muy grande al lado del mar donde hay muchas rocas grises.

El camino de Roca Gris es muy famoso porque conecta la **ruta** del comerciante. ¿Qué es la ruta del comerciante? **Como su nombre indica**, es una ruta que conecta varias ciudades para los comerciantes como yo. Un **rey** de hace mucho tiempo construyó las carreteras para ayudar a las ciudades a comerciar.

Estoy andando por el camino de Roca Gris y veo la ciudad **a lo lejos.** Veo la gran colina de rocas que da nombre a la ciudad. En el camino hay un **viajero** con un caballo y un **cofre**. Me acerco a preguntar quién es. Me gusta hablar con la gente. La mitad de mi trabajo es hablar con la gente, conocerla y saber qué quieren comprar.

–Buenos días, viajero –le digo.

–¡Hola! ¿Qué tal?

–Muy bien. ¿Eres un comerciante?

–No. Soy médico.

–No lo sabía. He visto el cofre y he pensado que eran joyas o algún tipo de producto para vender en la ciudad.

–No, no es nada para vender. Soy un médico de otra ciudad. Me han llamado a Roca Gris porque tienen un problema.

–¿Cuál es ese problema?

–La princesa está **enferma**.

En mis viajes, mientras viajo con mi caballo, leo libros siempre que puedo. Leer es una de las cosas que más me gustan, tienen mucho **conocimiento** y por eso leo mucho. Aprendo mucho de la geografía de los reinos y de las **costumbres** de cada ciudad. No puedo comerciar con las ciudades sin conocer las costumbres de las diferentes ciudades y personas que viven en ellas.

Hace poco, leí algo sobre la princesa de Roca Gris. La princesa es una mujer muy inteligente pero también muy enferma. Su padre, el rey, siempre intenta llamar a nuevos médicos para curar su enfermedad. Ninguno lo consigue y la princesa vuelve a estar enferma siempre.

–¿Conoces a la princesa? –me dice el médico.

–No la conozco personalmente, pero he leído sobre ella. La princesa es una mujer muy enferma, ¿verdad?

–Sí, he recogido varias **medicinas** especiales para ella.

—¿Son medicinas nuevas?

—Son medicinas muy **potentes** y muy raras.

—¿Quieres entrar en la ciudad?

—Sí, vamos.

Sigo al médico dentro de la ciudad. Nuestros caballos caminan detrás de nosotros. Llegamos a la **plaza** de comercio de Roca Gris. Allí, todas las personas comercian unas con otras. Hay mucho ruido y se oyen muchas cosas.

El médico deja su caballo **atado** a un árbol y me dice:

—Voy a entrar al **castillo** de la princesa. El rey me está esperando.

—Que tengas suerte —le digo.

—Gracias, comerciante.

Yo también ato mi caballo al árbol y les dejo comida a los dos. Quiero explorar la ciudad, así que comienzo a caminar por ella. Entro por **calles estrechas** y otras plazas. En una de las calles, veo una taberna. Tengo sed, así que entro dentro de la taberna.

Hay mucha gente dentro de la taberna comiendo, bebiendo y hablando. El camarero me ve y me pregunta.

—¿Qué quieres, **forastero**?

—**Hidromiel**, por favor.

—¿Hidromiel!? ¡**En seguida**!

Me quedo en la barra del bar esperando al camarero, que me sirve mi hidromiel. Mientras él llena mi **jarra** de hidromiel, veo a una mujer extraña hablando con varios hombres.

Ya tengo mi jarra de hidromiel. Pago al camarero su precio: 3 monedas de **cobre**.

Me siento en una mesa cercana de aquella mujer extraña. La mujer tiene un pelo muy raro y su piel está muy arrugada. Su voz también es muy extraña. Es una mujer muy misteriosa. Me siento solo en la mesa. No hay nadie más alrededor. Saco un **pergamino** de mi ropa y comienzo a escribir para **disimular**. Escucho la conversación de la mujer con varios hombres:

–¿La princesa sigue enferma? –dice un hombre.

–Sí... –responde la mujer extraña–, pero yo tengo la solución para curarla.

–¿De verdad?

–¡Claro que sí! ¿**Por quién me tomas**?

–¿Y por qué no la curas?

–Necesito un ingrediente más. Es muy difícil de encontrar.

–¿Qué ingrediente?

–Una **rama** naranja.

Escucho la conversación de la mujer misteriosa. Necesita un ingrediente para curarla: una rama naranja. Bebo mi hidromiel y salgo de la taberna. Vuelvo a la plaza de la ciudad y voy donde mi caballo. En el caballo tengo muchos productos para comerciar. Busco en una **bolsa** y **efectivamente,** ahí estaba: una rama naranja.

¿Sabía el médico que una rama naranja curaba a la princesa? ¿Por qué aquella mujer misteriosa sabía cómo curar a la princesa? La rama naranja es un ingrediente muy **caro** y muy **difícil de encontrar**. Cojo la rama naranja y vuelvo a la taberna para hablar con la mujer misteriosa.

¡No! ¡No está! La mujer misteriosa ha desaparecido. Me acerco a la barra del bar y pregunto al camarero:

—Disculpe.

—¿Sí? —me pregunta el camarero

—La mujer de aquella mesa, ¿dónde está?

—Ha salido hace poco. Ya no está aquí.

—¡Oh, no!

—¿Por qué lo preguntas?

No respondo al camarero y salgo **rápidamente** de la taberna. Miro a la calle, a la izquierda y a la derecha. No está. ¿Dónde está? ¡Tengo que encontrarla!

Anexo del capítulo 1

Resumen

El comerciante Valor trabaja vendiendo productos. En el camino a Roca Gris, la ciudad, se encuentra con un médico. El médico quiere curar a la princesa enferma. Entran juntos a la ciudad, pero el comerciante entra en una taberna y el médico entra en el castillo. El comerciante escucha a una mujer decir que necesita una rama naranja para curar a la princesa. Él tiene una rama naranja, pero la mujer desaparece.

Vocabulario

- **el comerciante** = trader
- **el reino** = kingdom
- **a cambio** = in exchange
- **el camino** = road
- **la colina** = hill
- **la ruta** = route
- **como su nombre indica** = as its name suggests
- **el rey** = king
- **a lo lejos** = far away
- **el viajero** = traveller
- **el cofre** = chest
- **enferma** = ill, sick
- **el conocimiento** = knowledge
- **las costumbres** = habits
- **las medicinas** = medicines, medication
- **potentes** = powerful
- **la plaza** = plaza, square
- **atado** = tied

- **el castillo** = castle
- **calles estrechas** = narrow streets
- **el forastero** = foreigner
- **el hidromiel** = mead
- **en seguida** = at once
- **la jarra** = mug, tankard
- **el cobre** = copper
- **el pergamino** = scroll
- **disimular** = disguise
- **¿Por quién me tomas?** = Who do you think I am?
- **la rama** = branch
- **la bolsa** = bag
- **efectivamente** = indeed
- **caro** = expensive
- **difícil de encontrar** = hard to find
- **rápidamente** = quickly

Preguntas de elección múltiple

Seleccione una única respuesta por cada pregunta

1. ¿Por qué la ciudad se llama Roca Gris?
    a. Por su castillo
    b. Por su colina
    c. Por su plaza
    d. Por la princesa

2. ¿A quién quiere curar el médico?
    a. A la princesa
    b. Al camarero
    c. Al rey
    d. Al comerciante

3. ¿Dónde va el comerciante?
    a. Al castillo
    b. A la colina
    c. A una taberna
    d. Ninguna de las anteriores

4. ¿Dónde guarda el comerciante sus productos?
    a. En su ropa
    b. En el banco
    c. En su caballo
    d. Ninguna de las anteriores

5. ¿Dónde está la mujer misteriosa?
    a. En el castillo
    b. En la plaza
    c. En la colina
    d. Ninguna de las anteriores

Soluciones capítulo 1

1. b
2. a
3. c
4. c
5. d

Capítulo 2 – La biblioteca

¿Dónde está la mujer misteriosa? Tengo una rama naranja y ella la necesita para curar a la princesa. Es muy **urgente** e importante. Mi objetivo no es curar a la princesa, es comerciar en esta ciudad, pero si curo a la princesa, la **ayudaré** y también **ayudaré** a la ciudad.

Todavía estoy en la calle, mirando a ver si veo a la mujer misteriosa, pero no está allí. Pasa un hombre delante de mí y le pregunto:

–Disculpa. ¿Has visto pasar a una mujer hace poco tiempo? Ha salido de esta taberna, estoy **buscándola**.

–Lo siento, no he visto a ninguna mujer saliendo de la taberna.

–Gracias, gracias.

Tengo una idea. Vuelvo a la plaza y cojo la rama naranja de la bolsa de mi caballo. Mi caballo sigue comiendo y bebiendo agua. En la plaza, hay un **tablón de anuncios**. En ese tablón de anuncios aparecen muchas direcciones y un **resumen** de las tiendas de la ciudad.

Leo todos los nombres de los **trabajadores** y tiendas de la ciudad. ¿Alguien me puede ayudar? Miro **detenidamente** el tablón y encuentro una persona que quizás me puede ayudar. Se llama Boris y es un **bibliotecario** de la **biblioteca** de la ciudad. Miro el mapa y veo que la biblioteca no está lejos.

Ando hasta la biblioteca de la ciudad. Tiene una puerta muy grande y metálica, pero está vieja. La puerta hace un ruido muy fuerte cuando entro y allí hay un hombre sentado en una mesa. Es la mesa de bienvenida.

—Bienvenido, forastero —me dice aquel hombre.

—Hola, gracias. Estoy buscando a Boris.

—¿Boris? ¿Ese **viejo loco**? ¡Ja! Seguro que está en la zona de textos **antiguos**. ¡Textos tan antiguos como él!

No sé si el humor del hombre es así o es que odia a Boris de verdad, pero prefiero no preguntar.

—Vale, gracias por la información.

—De nada, forastero.

Cuando acabo de hablar con él, el hombre **baja la mirada** y sigue escribiendo en sus pergaminos.

Paseo por la biblioteca. No es una ciudad grande pero es una biblioteca enorme. He oído historias sobre la biblioteca pero nunca había estado en ella. Hay muchos libros en las **baldas** pero poca gente leyendo. ¡Hay que leer más!

Busco por las mesas y encuentro a un **anciano** leyendo un libro muy grande y **polvoriento.** Cojo un libro de la balda que me parece interesante y me siento en su mesa. Al principio, Boris no me mira, pero luego me pregunta:

—¿Quieres algo?

—**En realidad sí** —le contesto.

Boris cierra su libro enorme y se me queda mirando.

—Espero que no vengas a **burlarte** de mí.

—**Yo no haría eso**.

—¿Entonces por qué hablas conmigo? Nadie quiere hablar nunca con el viejo Boris. Mis libros son mis mejores amigos.

—Busco información.

—¿**Qué clase de** información?

—Información sobre una persona.

—¿Esa persona es de esta ciudad?

—Eso quiero **averiguar**.

El anciano tiene una larga **barba** y ojos **cansados**. Seguro que había leído mucho en su vida, por eso era muy **sabio**. Me dice:

—Dime cómo se llama.

—No sé cómo se llama —respondo.

—¡**Menudo comienzo**!

—Pero sé cómo es.

—Muy bien, describe a esa mujer.

Intento recordar como es esa mujer antes de decirlo. No quiero que el anciano se confunda. Es muy importante que encuentre a esa mujer misteriosa y no a otra.

—Pues bien... Tiene rasgos peculiares. Tiene el pelo muy largo y **rizado,** una **piel** muy arrugada y su **voz** es muy extraña. Parece que **susurra** siempre que habla

—Hmmm...

El anciano se queda pensando mientras se acaricia su larga barba.

—Creo que ya sé quién es.

—¿Lo sabes?

—**Ella suele ir** a la taberna de la calle número tres de la plaza.

—¡Allí la vi!

El anciano Boris se levanta de la mesa y busca un libro en las baldas. Quiere buscar más información sobre esa mujer. Parece que no la conoce personalmente.

Cuando se sienta, me dice:

—¿En qué trabajas?

—Soy comerciante.

—Muy bien, comerciante. ¿Y tu nombre es...?

—Valor.

—Parece un nombre de **guerrero**, más que de un comerciante.

—Lo sé, pero yo no he elegido mi nombre.

El anciano busca en las páginas del libro durante varios minutos. Intenta encontrar algo. No sé lo que es, así que le pregunto:

—¿Qué quieres saber?

—Hay un listado de viajeros que pasan por esta ciudad. He visto a esa mujer varias veces **últimamente** por aquí. No veo muy bien, pero con tu descripción quizás puedo identificarla.

—Está bien.

—¡Oh!

El anciano se sorprende mucho.

—¿Qué ocurre? —le pregunto.

—¿Es posible que sea ella? ¡Increíble!

—¿Qué es increíble?

—Creo que es Marian.

—¿Quién es Marian?

—Una **hechicera bondadosa**. Una mujer muy misteriosa y extraña, pero no ha hecho **daño** a nadie nunca.

—¿Puedo ver el libro?

El anciano me deja ver el libro. Veo las páginas **amarillentas** del libro y leo la descripción de la mujer.

—¡**Tiene que ser ella**! —digo.

—Cuando viene a esta ciudad, vende varias medicinas en la tienda de El Halcón Blanco. Puedes ir allí, seguro que **tarde o temprano** la encuentras.

—Seguro que sí. Gracias, Boris.

—Hasta otra, comerciante. ¡Lee mucho!

Salgo de la biblioteca y pregunto a una mujer en la calle:

—Disculpa, ¿dónde está la tienda de El Halcón Blanco?

—**Gira** esta calle a la izquierda y sigue **todo recto**, está muy cerca.

—Excelente, ¡gracias!

—Pasa un buen día.

Me dirijo a la tienda y veo por la ventana. Marian, la hechicera, está dentro.

Anexo del capítulo 2

Resumen

Valor, el comerciante, no encuentra a la mujer misteriosa. Busca la biblioteca de la ciudad en el tablón de anuncios en la plaza. Allí, Boris, un anciano, busca en un libro. Valor describe a la mujer y Boris le dice que es Marian, una hechicera bondadosa. Ella está en una tienda vendiendo medicinas. El comerciante se dirige allí.

Vocabulario

- **la biblioteca** = library
- **urgente** = urgent
- **ayudaré** = I'll help
- **buscándola** = looking for her
- **el tablón de anuncios** = notice board
- **el resumen** = summary
- **los trabajadores** = workers
- **detenidamente** = carefully
- **el bibliotecario** = librarian
- **el viejo loco** = crazy old man
- **antiguos** = old, ancient
- **baja la mirada** = looks down
- **las baldas** = shelves
- **el anciano** = old man
- **polvoriento** = dusty
- **en realidad sí** = actually yes
- **burlarte** = make fun of, mock
- **yo no haría eso** = I wouldn't do that
- **¿Qué clase de...?** = What kind of...?
- **averiguar** = find out, figure out

- **la barba** = beard
- **cansados** = tired
- **el sabio** = wise
- **¡Menudo comienzo!** = What a start!
- **rizado** = curly
- **la piel** = skin
- **la voz** = voice
- **susurra** = whispers
- **ella suele ir** = she normally goes
- **el guerrero** = warrior
- **últimamente** = recently
- **la hechicera bondadosa** = good-natured sorcerer
- **el daño** = harm, damage
- **amarillentas** = yellowish
- **¡Tiene que ser ella!** = It has to be her!
- **tarde o temprano** = sooner or later
- **gira** = turn
- **todo recto** = straight ahead

Preguntas de elección múltiple
Seleccione una única respuesta por cada pregunta

6. Cómo encuentra el comerciante la biblioteca?
    a. Preguntando
    b. Leyendo
    c. Ya lo sabía
    d. Mirando en el tablón de anuncios

7. La biblioteca es:
    a. Nueva y grande
    b. Nueva y pequeña
    c. Vieja y grande
    d. Vieja y pequeña

8. ¿Dónde está el bibliotecario?
    a. En la mesa de bienvenida
    b. En la zona de textos antiguos
    c. En la calle
    d. En la tienda El Halcón Blanco

9. Boris le dice al comerciante...
    a. La mujer misteriosa es una hechicera bondadosa
    b. La mujer misteriosa es una hechicera malvada
    c. La mujer misteriosa es la alcaldesa
    d. Ninguna de las anteriores

10. ¿Dónde está Marian?
    a. En la plaza
    b. En el castillo
    c. En una tienda
    d. En la taberna

Soluciones capítulo 2

6. d
7. c
8. b
9. a
10. c

Capítulo 3 – La rama naranja

Entro a la **tienda** y encuentro a la mujer misteriosa dentro. Está hablando con el **tendero.** Me acerco a ella y le hablo.

–Hola.

La mujer misteriosa me mira. Veo su cara de cerca. ¡Sí! Es ella, es la mujer que necesita la rama naranja como ingrediente para curar a la princesa. No es amable conmigo:

–¿Qué quieres? –me dice con su voz extraña.

Le digo:

–¿Eres Marian?

–¿Cómo sabes mi nombre?

–**Poca gente** sabe tu nombre, ¿verdad? Pero eres Marian. Tu nombre está en la biblioteca. Los libros dicen que eres una hechicera.

La mujer mira al tendero. El tendero está comprando varios ingredientes a Marian. Terminan su transacción y Marian me dice:

–Sí, yo soy Marian. Repito, ¿qué es lo que quieres?

–Tengo rama naranja.

La cara de Marian cambia completamente. Se sorprende de que yo tenga rama naranja.

–¿Rama naranja? ¡Quiero verlo!

Enseño mi rama naranja a Marian y ella me dice:

–¡Es increíble! ¿Dónde la has conseguido?

–La verdad es que no lo sé. **Yo comercio** con muchos objetos entre ciudades. ¿Puedes curar a la princesa? **Te oí hablando** en la taberna. Necesitas esto, ¿verdad?

—Puedo curar a la princesa. Solo necesito la rama naranja para completar la medicina.

—Vamos a ello, entonces.

Acompaño a Marian a su casa. Allí tiene una medicina preparada en un **frasco** abierto.

—Dame tu rama naranja.

Saco mi rama naranja de nuevo y se la doy. Ella la **mezcla** con otro ingrediente y lo echa a la medicina.

—Esto ya está.

—**¿Tan rápido?**

—Sí, tenemos que ir al castillo. ¡Rápido!

Marian y yo vamos al puente del castillo, pero un **guardia** nos detiene y no nos deja pasar. Yo hablo con el guardia y le digo:

—Por favor, déjanos pasar. Tenemos un ingrediente que puede salvar a la princesa y curar su enfermedad.

—Ningún ingrediente es **capaz** de curar a la princesa. Está muy enferma.

—Tenemos rama naranja. Seguro que has oído hablar de ella.

El guardia se queda pensando. Sí había oído hablar de ese ingrediente. Después de eso, nos deja pasar.

Entramos a la sala de la princesa. Hablamos con el rey. Él nos dice:

—Bienvenidos a mi ciudad. Por favor, ¿podéis curar a mi hija? Cada día está peor. Está muy enferma.

—**Lo haremos** —le respondo.

Allí también está el médico, aquel hombre que me encontré en el camino hacia Roca Gris. Tiene su cofre al lado de la cama de la princesa. Él tiene muy mala cara y parece muy cansado.

—Hola —le digo.

—Ah... Hola... —me dice él.

Casi no ve nada. Sus ojos están muy cerrados debido al sueño.

—¿Te llamabas Valor, verdad?

—Sí, eso es. ¿Cómo está la princesa?

—No mejora. Hemos intentado de todo, pero no mejora. Sigue muy enferma.

Yo sonrío al médico y le digo:

—Tenemos una solución.

—¿Cuál?

—Tenemos medicina de rama naranja.

—¿Rama naranja? ¡Eso es algo muy difícil de encontrar! Nunca he visto ninguna rama naranja. Solo lo he leído en los libros.

—Marian, enseña la medicina, por favor.

Marian se acerca al médico y a mí y enseña la medicina. Tiene un color naranja muy **intenso** y **brillante**.

El médico coge el frasco y lo mira detenidamente:

—Así que esto es rama naranja... Interesante.

Marian coge la rama naranja y se acerca a la princesa. El rey le dice:

—¿Eres una hechicera?

—¿Quieres curar a tu hija o no?

El rey mira a Marian con cara de **odio,** pero al final le dice:

—Adelante.

Echa parte del líquido del frasco en los **labios** de la princesa. Pasan varios minutos y la princesa comienza a **balbucear** y a decir cosas sin sentido. Pero cuando ya es medianoche, la princesa despierta **de golpe** y mira a toda la gente presente.

Marian, la mujer misteriosa, mira a la princesa y dice:
—Mi trabajo aquí ha terminado.

El rey, sorprendido, le dice a Marian:
—¿No quieres tu **recompensa**?
—No quiero **oro**. Solo quiero que mi nombre desaparezca de los libros. No soy una hechicera, ni una bruja, ni nada parecido. Solo curo a los enfermos.
—Entendido.
—Adiós.

El rey va a hablar con su hija. Ambos están felices de volver a la normalidad. Yo me acerco al médico y le digo:
—¿Conoces a Marian?
—Sí.
—¿Quién es?
—La conozco, pero es una historia muy larga que te contaré otro día...

Días después, el rey y el médico se despiden de mí a la salida de la ciudad.
—¿Dónde vas ahora? —me dice el rey.
—A la siguiente ciudad del camino.
—**Puedo pagarte** por tus servicios.
—Solo necesito el dinero del precio de la rama naranja. Marian no me ha pagado.
—No hay problema. ¿Cuántas piezas de oro cuesta?
—10.000 monedas de oro.

El rey se queda **con la boca abierta**. Mi **labor** como comerciante **ha concluido.**

Anexo del capítulo 3

Resumen

Valor, el comerciante, habla con Marian dentro de la tienda. Le enseña su rama naranja y juntos preparan la medicina en su casa. Viajan al castillo y allí está el médico que había conocido el comerciante. Había intentado de todo pero la princesa seguía enferma. Marian le da la medicina de rama naranja a la princesa y se cura. Marian se va y el comerciante le pide al rey el precio de la medicina, que es muy cara.

Vocabulario

- **la tienda** = shop
- **el tendero** = shopkeeper
- **enseño** = I show
- **poca gente** = few people
- **yo comercio** = I trade
- **te oí hablando** = I heard you talking (about...)
- **el frasco** = jar, bottle
- **la mezcla** = mixture
- **¿Tan rápido?** = That fast?
- **el guardia** = guard
- **capaz** = capable, able
- **lo haremos** = we'll do it
- **intenso** = intense
- **brillante** = shiny
- **el odio** = hate
- **los labios** = lips
- **balbucear** = babble
- **de golpe** = suddenly

- **la recompensa** = reward
- **el oro** = gold
- **puedo pagarte** = I can pay you
- **con la boca abierta** = with the mouth open (expression of surprise)
- **la labor** = task, misión
- **ha concluido** = has finished

Preguntas de elección múltiple
Seleccione una única respuesta por cada pregunta

11. ¿Qué hacía Marian en la tienda?
    a. Limpiar
    b. Comprar
    c. Vender
    d. No se sabe

12. Marian compra a Valor la rama naranja
    a. Verdadero
    b. Falso

13. Valor le da la rama naranja sin pedir dinero a cambio
    a. Verdadero
    b. Falso

14. ¿Quién cura a la princesa?
    a. El rey
    b. El médico
    c. Valor
    d. Marian

15. El médico conoce a Marian
    a. Verdadero
    b. Falso

Soluciones capítulo 3

11. c
12. b
13. a
14. d
15. a

7. Exploradores

Capítulo 1 – El planeta desierto

Luna era una **viajera**. Una viajera que viajaba con un pequeño robot que hablaba. Hace varios días, habían llegado a un planeta **desierto.** Ella y el robot viajaban juntos siempre a diferentes planetas para explorar. ¿Por qué hacían eso? Había una **guerra** entre diferentes facciones y planetas y Luna había perdido su casa. Tenía una nave propia para viajar por el espacio, **en busca de** comida y cosas para vender al mejor postor.

Su robot tenía también un nombre: Kai. Este era el primer día que iban al planeta desierto y Luna y Kai habían andando durante muchos kilómetros. Las ciudades estaban desiertas y los pueblos abandonados **debido a** la guerra. Era muy triste. Luna recordaba su casa, la casa que ya no tenía.

Encontraron un pueblo abandonado. Allí, había una **joyería** muy grande pero cerrada. El dueño había abandonado la tienda hace mucho tiempo. Seguro que se había ido a la guerra.

—¡Kai ¡Ayúdame! —dijo Luna al pequeño robot.

El robot era muy pequeño pero andaba con unas piernas mecánicas muy rápidamente y sus pequeñas manos metálicas eran muy **útiles** y muy **fuertes. Las apariencias engañan**.

—Sí, Luna —dijo el robot.

—Ayúdame con la **persiana** de esta tienda. Está cerrada y no puedo abrirla.

—¡Ahora mismo!

El pequeño robot usó sus manos metálicas para abrir la persiana. Estaba cerrada con **candado**, pero se rompió y la persiana se subió. **De esa manera**, pudieron ver el interior de la tienda.

—¡Oh! —dijo Luna.

—¿Qué ocurre? ¡*Bip bip*! —preguntó Kai.

—No hay muchas joyas. El dueño se ha llevado todo lo que había en esta tienda.

—Es normal. Seguro que ha guardado las joyas en un banco o en otro almacén. No quería perder sus **riquezas**.

—Tiene lógica. **Yo habría hecho lo mismo**.

Entraron en la tienda y buscaron por diferentes habitaciones. Kai abría **contenedores** cerrados con llave y Luna exploraba por todas partes. Desde otra habitación, Luna preguntó:

—¿Encuentras algo, Kai?

—¡Nada! ¡Todos los contenedores están **vacíos**! ¡Pero hay varias joyas en las mesas!

—¿**Valiosas**?

—No mucho, pero valen algo de dinero.

Luna y Kai recogieron las pocas joyas que estaban en las mesas y las guardaron en la mochila que llevaban con ellos. Cuando salieron de la tienda, algo pasó. Un hombre a pocos metros **los apuntaba** con una **pistola.**

—¡**Quietos**! ¿Quiénes sois?

Luna y Kai no dijeron nada.

—¡Hablad! ¡O disparo!

Kai dijo:

—Las posibilidades de que él dispare la pistola son muy altas, Luna. Habla con él.

Luna le hizo caso:

—Mi nombre es Luna. Estoy viajando con mi robot Kai por este planeta y este pueblo intentando recuperar cosas que la gente ya no usa.

—¿Estás robando?

—No estoy robando. Este pueblo está abandonado.

El desconocido bajó la pistola y la guardó en su mochila.

—**Era broma**. Soy Jack. Soy un viajero como tú.

Jack se acercó al pequeño robot.

—¡Vaya! ¡Es un modelo muy avanzado!

Kai respondió:

—Claro que soy un modelo muy avanzado. ¡Y tú eres un modelo muy primitivo!

Luna miró a Jack riéndose, y él acabo riéndose también.

—Es un robot muy **gracioso** —dijo él.

—No es lo peor que ha dicho jamás —dijo Luna.

—Bueno, ¿tienes una nave por aquí cerca? ¿Cómo has llegado a este planeta?

—Sí, tengo una nave aquí cerca. No vamos a estar aquí mucho tiempo más.

Jack intentaba parecer amable.

—Voy a ir a mi nave ahora mismo. Pilota tu nave conmigo y viajamos juntos. —dijo él.

—¿Por qué vamos a viajar contigo? —preguntó Luna.

—Conozco un lugar que tienes que ver. Hay una ciudad muy grande aquí cerca.

—Vamos, tengo curiosidad.

Luna y Kai le hicieron caso y todos cogieron la nave. Luna y Kai pilotaron su propia nave y Jack la suya. Eran naves muy parecidas y muy rápidas. También podían viajar por el espacio, no solo por el planeta. Jack conectó la radio de su nave para poder hablar con ellos y les dijo:

—Seguidme.

Durante 1 hora, volaron a través de desierto y más desierto.

—Luna, Kai, mirad allí abajo.

La ciudad grande que había dicho Jack estaba **debajo** de ellos.

Luna no podía creerlo y le dijo por la radio:

—Pero... Pero... ¡Yo pensaba que todo el planeta estaba abandonado!

—Pues no es así.

La ciudad era enorme, muy grande e iluminada con muchas luces. Ya era de noche y había mucha actividad en la ciudad. Luna y Kai pensaban que todo el planeta estaba abandonado, pero no era cierto. El pueblo de la joyería estaba abandonado, sí, pero no todos los pueblos ni todas las ciudades.

Jack dijo:

—Por aquí cerca no hay mucho más que ver. Podemos hablar con un amigo mío del **puerto espacial** de la ciudad. Él sabe mucho de muchos planetas y de riquezas. ¿Queréis hablar con él? Podemos ir juntos a explorar otro planeta. Por aquí cerca hay muchos abandonados.

—Está bien.

—¡**Genial**! Seguidme.

Las dos naves **aterrizaron** en el puerto de la ciudad. Había un **cartel** muy grande con el nombre de la ciudad: se llamaba Beta.

Luna, Kai y Jack salieron de las naves y volvieron a hablar **cara a cara.**

Kai dijo:

—Detecto mucha actividad en esta ciudad, ¡*bip bip*!

—No imaginaba ninguna ciudad así en este planeta —dijo Luna.

—No participan en la guerra. No quieren **involucrarse** —dijo Jack.

Anduvieron varios pasos y Jack enseñó su identificación al guardia del puerto, que dijo:

—Pueden ustedes pasar. Bienvenidos a Beta. **Disfruten de su estancia.**

Anexo del capítulo 1

Resumen

Luna es una exploradora que viaja con su robot Kai. Exploran un planeta desierto. Hay una guerra entre planetas y las ciudades y los pueblos están abandonados. Exploran una joyería y se encuentran a otro explorador que se llama Jack. Jack dice que hay una ciudad que no está abandonada. Viajan allí y es cierto: hay mucha actividad y mucha gente en la ciudad.

Vocabulario

- **la viajera** = traveller
- **el desierto** = desert
- **la guerra** = war
- **la nave** = ship, spaceship
- **en busca de** = in search for
- **al mejor postor** = to the strongest bidder, highest bidder
- **debido a** = due to
- **la joyería** = jewelry shop
- **útiles** = useful
- **fuertes** = strong
- **las apariencias engañan** = appearances are deceptive
- **la(s) persiana(s)** = blind(s)
- **el candado** = lock
- **de esa manera** = that way
- **las riquezas** = riches, wealth
- **yo habría hecho lo mismo** = I'd have done the same thing

184

- **los contenedores** = containers
- **vacíos** = empty
- **valiosas** = valuable
- **los apuntaba** = (he) was aiming at them
- **la pistola** = handgun
- **¡Quietos!** = Freeze!
- **era broma** = I was kidding
- **gracioso** = funny
- **debajo** = below
- **puerto espacial** = spaceport
- **¡Genial!** = Awesome!
- **aterrizaron** = landed
- **el cartel** = sign
- **cara a cara** = face to face
- **involucrarse** = take part
- **disfruten de su estancia** = enjoy the stay

Preguntas de elección múltiple
Seleccione una única respuesta por cada pregunta

1. Luna y Kai son:
    a. Ladrones
    b. Guerreros
    c. Exploradores
    d. Músicos

2. En la joyería hay:
    a. Muchas joyas
    b. Pocas joyas
    c. Un hombre
    d. No hay nada

3. ¿Quién es Jack?
    a. Un ladrón
    b. Un guerrero
    c. Un músico
    d. Un explorador

4. La ciudad Beta...
    a. Está llena de gente
    b. Está abandonada
    c. Hay poca gente
    d. Es una leyenda.

5. Jack quiere:
    a. Vivir en la ciudad Beta
    b. Hablar con un amigo
    c. Luchar en la guerra
    d. Volver a la joyería

Soluciones capítulo 1

1. c
2. b
3. d
4. a
5. b

Capítulo 2 – El puerto espacial

El puerto espacial era un lugar muy grande. Muchas naves aterrizaban y **despegaban** allí. Era la central de toda la ciudad. Mucha gente iba y venía. Mucha gente hablaba y comentaba todo tipo de **asuntos**. Había muchos guardias y mucho ruido.

Pero en el puerto espacial también había más lugares para visitar. El puerto espacial ofrecía sitios donde comer en los numerosos restaurantes que había. También había muchos bares y lugares de **entretenimiento** como casinos. Los pilotos y los guardias de las diferentes naves iban a muchos sitios.

Cuando pasaron por el guardia, Jack dijo:
—¡Bienvenidos al puerto espacial de Beta! ¿Qué os parece?
Kai, el robot, respondió:
—¡No me gusta! ¡No me gusta! ¡Hay mucho humano!
—Robot gracioso...
—**Según** mis datos, sí, soy un robot gracioso.

Jack puso cara de **odio** y siguió andando junto a Kai y a Luna. Luna preguntó a Jack:
—¿Dónde vamos ahora?
—Vamos donde está un amigo mío ahora mismo. Él sabe mucho sobre riquezas y **tesoros** en otros planetas.
—¿Planetas en guerra?
—No lo sé, ahora hablamos con él.

Jack entró primero en un bar muy oscuro, iluminado con pocas luces. Había muchas mesas y la música estaba muy alta. Era un bar perfecto para hablar.

Un hombre saludó a Jack cuando entró. Estaba sentado en una mesa, un poco **borracho.** Estaba bebiendo su tercera copa e hizo una seña a los tres para que se acercaran a él.

Jack, Kai y Luna se sentaron cerca de él.

—¡Vaya, vaya, vaya! ¡Jack! ¡**Cuánto tiempo sin verte!**

—¿Qué hay, Arnold?

—¿Quiénes son estos?

—Exploradores —dijo Jack.

—¡Vaya! ¡Más exploradores! Me gusta, me gusta. Me gustan los exploradores... ¡hic! Perdón, tengo **hipo.** Es el tiempo seco de este planeta.

—Excusas, Arnold, te conozco. Es debido al alcohol.

—¡Bueno, sí! Eso también... ¡Ja, ja, ja!

Luna se estaba **impacientando.** Jack lo vio y le dijo a Luna:

—No te preocupes, Luna. La charla **no va a durar mucho.**

—Eso espero —dijo ella.

El **camarero** del bar pasó cerca de la mesa donde estaban sentados los cuatro y dijo:

—¿Qué desean, señores?

—Cuatro vodkas para... —dijo Arnold.

Pero Arnold miró a Kai y **rectificó.**

—Mejor dicho... Tres vodkas.

—¡Puedo beber si quiero, *bip bip!* —dijo Kai.

—Ya, claro. Tres vodkas, por favor —dijo Arnold.

El camarero se fue a la barra.

—¡Un robot gracioso! —dijo Arnold.

—Sí, no es la primera vez que escucho eso hoy –respondió Luna.

—Bueno, ¿qué queréis? –dijo Arnold mirando a Jack.

—Queremos una nueva aventura. Conoces muchos **tesoros** y muchos planetas donde podemos ir. Este planeta está desierto.

—Este planeta no ha estado desierto siempre. Este planeta ha sido verde y **fértil**, pero la guerra lo destruyó todo.

—Excepto la ciudad Beta.

—La ciudad Beta está construida **sobre** un oasis. Es la ventaja.

Luna se volvió a impacientar.

Jack volvió a verlo.

—Bueno, Arnold, amigo. Necesitamos algún otro planeta para viajar. Tenemos dos naves de clase C listas y preparadas. ¿Sabes de algún sitio? ¿Hay noticias nuevas?

—Conozco un nuevo planeta donde hay muchos tesoros, pero poca gente **se atreve** a ir allí.

—¿Cuál es el problema?

—Es un **puesto de avanzada** militar.

—¿Está activo?

—Ese es el problema. No se sabe. A veces sí está activo, otras veces no hay nadie **vigilando** y otras veces hay muchas **batallas**.

—¿Qué nos recomiendas entonces?

—Ir hoy mismo.

Jack, Luna y Kai se extrañaron.

—¿Hoy mismo? ¿Ya? –dijeron los tres.

—Sí –respondió Arnold.

—¿Por qué tanta prisa?

—**Acabo de** recibir **noticias** recientes sobre el puesto de avanzada. Me han dicho que está vacío. Lleva dos días vacío. Nadie lo sabe, pero en ese puesto de avanzada hay muchas cosas valiosas.

—¿Como qué cosas?

—Tecnología, vehículos, ropa... ¡De todo!

El camarero se acercó a la mesa y sirvió los tres vodkas. Los cuatro callaron mientras el camarero servía las copas. Cuando se fue, siguieron hablando. Jack le dijo a Luna:

—¿Te interesa, Luna?

—¡Gracias por contar con mi opinión, humano! —gritó el robot.

—¿Os interesa, Luna y Kai? —dijo Jack **desquiciado**.

Luna se quedó pensando. Estaba algo cansada pero tenía que ganar dinero. Jack siguió hablando:

—Somos exploradores, pero también **rebeldes**.

—Lo sé. No me importa coger lo que hay allí.

—¿Eso es un sí?

—Sí, acepto.

Arnold se puso muy contento y dijo:

—¡Genial, entonces! ¡Ahora **a beber**! Tenemos mucha noche por delante.

Luna dijo:

—Yo me voy al hotel, voy a dormir varias horas. **Nos vemos a** las 4:00, Jack.

—Entendido —dijo él.

Arnold y Jack se quedaron hablando en la mesa sobre más **negocios** y Luna y Kai salieron del bar. En una calle cercana dentro del puerto espacial, había un hotel. **Alquilaron** una habitación y Luna se fue a dormir. Kai recargó la batería mientras estaba parado. El pequeño robot nunca dormía.

Luna intentó dormir, pero no pudo. Algo **extraño** pasaba y no sabía qué era.

Anexo del capítulo 2

Resumen

Luna, Kai y Jack entran en el puerto espacial y entran en un bar. En ese bar hablan con Arnold, un hombre de negocios. Él les dice que hay un sitio en otro planeta con tesoros y muchas cosas valiosas. Luna, Kai y Jack aceptan ir, pero tienen que ir ese mismo día. Luna se va a dormir pero no puede. Algo raro pasa.

Vocabulario

- **despegaban** = take off
- **los asuntos** = matters
- **el entretenimiento** = entertainment
- **según** = according to
- **el odio** = hate
- **los tesoros** = treasures
- **borracho** = drunk
- **¡Cuánto tiempo sin verte!** = Long time no see!
- **el hipo** = hiccup
- **impacientando** = to get impatient
- **no va a durar mucho** = it won't take long
- **el camarero** = waiter
- **rectificó** = rectify
- **fértil** = fertile
- **sobre** = above
- **puesto de avanzada** = outpost
- **vigilando** = guarding
- **las batallas** = battles
- **acabo de** = I've just...
- **las noticias** = news

- **desquiciado** = exasperated
- **los rebeldes** = rebels
- **a beber** = let's drink
- **nos vemos a** = see you at... (Lit: we see each other at...)
- **los negocios** = businesses
- **alquilaron** = rent
- **extraño** = strange

Preguntas de elección múltiple
Seleccione una única respuesta por cada pregunta

6. ¿Dónde está el bar?
    a. En el puerto espacial
    b. Fuera del puerto espacial
    c. En otro planeta
    d. En el desierto

7. ¿Quién es Arnold?
    a. Un amigo de Luna
    b. Un amigo de Kai
    c. Un amigo de Jack
    d. El camarero

8. ¿Dónde hay más tesoros y cosas valiosas?
    a. En el puerto espacial
    b. En otro planeta
    c. Fuera del puerto espacial
    d. En la ciudad

9. ¿Qué piden en el bar?
    a. Tres vodkas
    b. Cuatro vodkas
    c. Cinco vodkas
    d. No piden nada

10. ¿Cuándo tienen que ir a buscar cosas valiosas y tesoros?
    a. En dos días
    b. Ese mismo día
    c. Al día siguiente
    d. En dos días

Soluciones capítulo 2

6. a
7. c
8. b
9. a
10. b

Capítulo 3 – Tesoros y sorpresas

Luna no pudo dormir esa noche así que habló con Kai. Kai era un pequeño robot, pero para Luna era un buen amigo. Siempre había ayudado a Luna y la había escuchado.

—Kai, algo raro pasa aquí.
—**¿Qué te preocupa**, Luna? ¡*Bip bip*!
—No lo sé, pero es demasiado fácil. Jack quiere ir con nosotros al planeta donde está el puesto de avanzada y los tesoros. Arnold también.
—No es nada raro. Seguramente quieran una **comisión** y será una comisión muy alta.
—Es posible, pero hay algo más.
—¿Cómo qué? ¡*Bip bip*!
—No lo sé, pero nos tenemos que ir ya. Son casi las 4:00.

Luna y Kai salieron de la habitación y fueron al puerto espacial. Allí se encontraron con Jack. **Afortunadamente,** no estaba borracho.

—¡Luna! —saludó Jack.
—Hola de nuevo, Jack. ¿Qué condiciones hay?
—¿Condiciones? ¿A qué condiciones te refieres?
—A una comisión. Seguro que Arnold quiere una parte de los tesoros. Él nos dijo dónde estaban. Ellos siempre quieren una comisión.
—¡Ah! ¡Sí! Me ha dicho que **cuando volvamos** va a hablar con nosotros sobre la comisión. Vamos, tenemos nuestras naves preparadas.

Luna miró a Kai y él pequeño robot **le devolvió la mirada**. Luna seguía pensando que algo raro pasaba.
Jack llegó a su nave y miró alrededor.

—Mi nave está preparada, Luna. Todo parece correcto. Mi nave ya tiene las coordenadas del planeta y del puesto de avanzada. La tuya también.

—Vale. ¿Despegamos ya?

—Sí, entra en tu nave.

Luna y Kai entraron en su respectiva nave y activaron los **motores**. Jack también activó los motores de su nave. Eran naves casi **idénticas**. Comenzaron el despegue y comenzaron a salir del planeta.

Mientras salían del planeta, Luna le dijo a Kai:

—He salido muchas veces al espacio, Kai. Pero siempre me gustan estas **vistas.** Son preciosas.

—Sí. ¡A mí también me gustan! ¡*Bip bip*!

La nave de Jack estaba cerca de la nave de Luna. Él le habló por radio:

—Podéis dormir un poco más. Activamos el **salto** y la nave llegará al planeta destino en dos horas. ¿Estáis listos?

—Sí, adelante.

Las dos naves viajaron a más velocidad a través del espacio. Con los motores no era suficiente. Necesitaban saltar para viajar mucho más rápido.

Pasaron dos horas y las naves aparecieron en el planeta.

Jack habló por radio otra vez:

—Ya estamos. Vamos a aterrizar, el puesto de avanzada está aquí.

Las dos naves aterrizaron y Jack, Luna y Kai salieron a la **superficie**. **De momento**, no había nadie en el puesto de avanzada. Jack hacía unas comprobaciones a su nave y Luna paseaba por el puesto de avanzada.

Era un puesto de avanzada **al aire libre**, pero también había varios edificios **cubiertos**. Luna y Kai no entraron en los edificios, pero había un gran **cofre** cerca de uno de ellos.

Luna lo vio y llamó a Jack:
—¡Jack! ¡Mira!

Jack **corrió** donde Luna y vio el cofre.
—¡Vaya! ¡Es enorme! —dijo.
—Seguramente tiene una combinación de seguridad.
—Esta es mi combinación —dijo Jack.

Jack sacó la pistola y **disparó** en el cofre. El cofre automáticamente se abrió haciendo mucho **ruido**.
—¿Estás loco? ¡**Ten cuidado**!
—Pero lo he abierto, ¿verdad?

Luna **refunfuñó** pero quería ver lo que había dentro del cofre.

Lo abrieron y vieron muchas cosas valiosas, muchos tesoros y muchos objetos que se podían vender a buen precio.
—Es un buen tesoro —dijo ella.
—Ha sido demasiado fácil —dijo Jack.
—Eso pienso yo —respondió Luna.

De repente, varios **soldados** aparecieron de los edificios y **rodearon** a los tres exploradores.
—¡Alto! ¡No toquéis el cofre! —dijeron los soldados.
—¡**Traición**! —gritó Jack.

Luna estaba esperando algo como aquello. Había algo raro en esa misión, era todo muy fácil. Pero por fin lo entendió, era una **trampa**.

—¡Es una trampa! ¡Nos has traicionado! —dijo Luna a Jack.

—Yo no he traicionado a nadie. ¡No he sido yo! Oh no...

—¿Qué?

—Ha sido Arnold, seguro.

Los soldados intentaron poner las **esposas** a Luna y a Jack, pero Kai se resistió. El pequeño robot corría mucho y los soldados no podían cogerlo.

—¡Coged a ese robot! —gritaron los soldados.

El robot pequeño estuvo corriendo **alrededor** de ellos muy deprisa y durante mucho tiempo. A Jack le dio tiempo a **pelear** con dos soldados y cuando Luna lo vio, hizo lo mismo. Poco a poco pelearon con los demás soldados. El robot estaba **distrayendo** a todos.

También pelearon con los soldados que intentaron coger al robot. Al final, ellos esposaron a los soldados.

—Muy buen trabajo, Kai —dijo Jack.

—¡Vaya! ¡*Bip bip*! El humano me **halaga**.

Por una vez, Jack sonrió al pequeño robot.

—¿Qué hacemos ahora? —dijo Luna.

—Vamos a por Arnold. Antes de eso, tengo una idea.

Jack cogió el comunicador de uno de los soldados y busco el nombre de Arnold. Le envió un mensaje:

«Exploradores detenidos. **Misión cumplida**».

—¿Qué has hecho con ese comunicador? —dijo Luna.

—He enviado un mensaje falso para Arnold. Vamos.

Las dos naves despegaron del puesto de avanzada y volvieron a la ciudad. Aterrizaron en el puerto espacial. Pocos minutos después, Jack, Luna y Kai se sentaron en la mesa del bar. Arnold seguía bebiendo y seguía borracho. Se quedó **estupefacto**.

–Camarero –dijo Jack al camarero mientras miraba a Arnold–, cuatro vodkas aquí, por favor.

Anexo del capítulo 3

Resumen

Luna no puede dormir. Piensa que algo pasa. Jack, Luna y Kai viajan al otro planeta. Es una misión muy fácil, pero es una trampa. Arnold traiciona a los exploradores. Pelean con los soldados y ganan. Vuelven al bar del puerto espacial para hablar con Arnold. La trampa no ha funcionado.

Vocabulario

- **¿Qué te preocupa?** = What's the matter?
- **la comisión** = fee
- **afortunadamente** = fortunately
- **cuando volvamos** = when we return
- **le devolvió la mirada** = looked back (at her)
- **los motores** = engines
- **idénticas** = identical
- **las vistas** = view
- **el salto** = jump
- **la superficie** = surface
- **de momento** = at the moment
- **el aire libre** = in the open
- **cubiertos** = overcast, covered
- **el cofre** = chest
- **corrió** = ran
- **disparó** = shot
- **el ruido** = noise
- **¡Ten cuidado!** = Be careful!
- **refunfuñó** = growled
- **los soldados** = soldiers

- **rodearon** = surrounded
- **la traición** = betrayal
- **la trampa** = trap
- **las esposas** = handcuffs
- **alrededor** = around
- **pelear** = fight
- **distrayendo** = distracting
- **halagar** = flatter
- **por una vez** = for once
- **misión cumplida** = mission accomplished
- **estupefacto** = astonished

Preguntas de elección múltiple
Seleccione una única respuesta por cada pregunta

11. ¿Cuánto tardan en ir al planeta?
   - a. Una hora
   - b. Dos horas
   - c. Tres horas
   - d. Cuatro horas

12. ¿Qué ocurre al llegar al planeta?
   - a. No existe el puesto de avanzada
   - b. No hay nada valioso
   - c. Ven un cofre
   - d. Ven soldados

13. Los exploradores pelean:
   - a. Entre ellos
   - b. Con Arnold
   - c. Con el robot
   - d. Con soldados

14. ¿Quién gana la pelea?
   - a. Los exploradores
   - b. Kai y los exploradores
   - c. Los soldados
   - d. Arnold y los soldados

15. ¿Quién es el traidor?
   - a. Kai
   - b. Arnold
   - c. Luna
   - d. Jack

Soluciones capítulo 3

11. b
12. c
13. d
14. a
15. b

8. La Costa

Capítulo 1 – El barco moderno

Fernando era un hombre de edad avanzada. Tenía 67 años y estaba **jubilado**. Era verano y hacía buen día. El sol calentaba mucho y el **cielo** estaba azul. Fernando estaba disfrutando de su jubilación descansando y disfrutando **todo lo que podía**.

Él vivía cerca de la playa pero hasta los 67 años había estado trabajando en el centro financiero de la ciudad. Era un **empresario** con mucho éxito pero ya no quería trabajar más. Estaba muy cansado de trabajar. Solo quería viajar, comer bien y divertirse.

Por eso, había cogido su coche y había conducido media hora hasta la playa. Aparcó el coche cerca de un bar con **vistas** a la **costa**. Salió del coche y se acercó al bar. Era **temprano** y todavía no había demasiada gente, pero ya había gente comiendo y bebiendo en la **terraza**.

Fernando se acercó a la barra del bar y el camarero lo vio.

–Hola, amigo. ¿Qué quieres tomar?

–Una **cerveza** fría, con **hielo**, por favor.

–Ahora mismo.

Mientras esperaba su cerveza fría, Fernando miraba el bar y la playa. En la playa había bastante gente **bañándose**. Muchas familias de **vacaciones** y jóvenes divirtiéndose. Un hombre estaba leyendo el periódico en la barra y miró a Fernando. Fernando se dio cuenta pero no le dijo nada.

El camarero volvió a acercarse a Fernando y le dio su cerveza fría, con hielo.

—¿Cuánto es? —dijo Fernando.

—Son 3 €, por favor.

—Toma 5 €, **quédate con el cambio.**

—Muchísimas gracias.

El camarero cogió todo el dinero y sirvió a otros clientes. El hombre que miraba a Fernando se acercó a él y le dijo:

—Disculpe, señor. ¿Quiere el periódico? No lo voy a leer más.

—No, gracias. No me apetece leer.

El hombre saludó **formalmente** a Fernando.

—Me llamo Adolfo. Encantando de conocerle.

—Yo soy Fernando. ¿Quiere algo?

—Nada en especial. Solo charlar un poco. ¿Suele venir aquí?

—No, soy nuevo en esta zona.

—¿Y qué hace aquí?

—Estoy jubilado. Solo quiero descansar y ser feliz.

Fernando bebió un trago de su cerveza. Estaba deliciosa. Después, preguntó a Adolfo:

—¿Podemos tutearnos? No me gusta hablar de usted.

—Claro, Fernando.

—**¿A qué te dedicas**? —preguntó Fernando.

—Alquilo barcos a los turistas que pasean por estas playas.

—¡Así que por eso me hablas! —dijo Fernando con una sonrisa.

—No exactamente. Me gusta conocer gente nueva y tratar bien a los turistas de la playa. Si después quieren alquilar un barco, son libres de hacerlo.

Fernando se quedó pensando un momento.

—Vale, hablemos de la oferta que tienes.

—**No era mi intención** hablar de mis barcos tan pronto, pero si quieres, podemos hablar de ellos.

—Sí, ¿por qué no? Igual es divertido.

—Vale, vamos a sentarnos en esa mesa, Fernando.

Ambos hombres se sentaron en una mesa del mar. La gente seguía jugando y bañándose en las playas y **tomando el sol** en la arena.

—¿Qué quieres saber? —dijo Adolfo.

—¿Qué tienes para ofrecer?

—Buena pregunta... Tengo una nueva oferta especial.

—¿Y qué tiene?

Adolfo sacó su móvil y lo puso en la mesa. Abrió la galería de fotos y enseñó un barco muy grande y muy lujoso.

—Este es el último barco que tengo para alquilar. Es una belleza. ¿Sabes **navegar**?

—Sí.

—Entonces, Fernando, este es tu barco. Con él, puedes viajar durante una semana. No es caro, pero tampoco es barato. Recuerda, es un barco de lujo. El **precio** está muy bien.

Hablaron del precio durante varios minutos y al final **llegaron a un acuerdo.**

—Tengo una última cosa que pedir antes de alquilar el barco —dijo Fernando.

—¿Y qué es?

—Quiero probarlo contigo. Estos barcos nuevos son muy modernos y a mí no me gusta la tecnología. Necesito saber cómo funcionan los **mandos**, las pantallas, la radio... Todo.

—¡No hay problema! Ven conmigo, vamos ahora mismo.

—¿Lo tienes aquí?

—Está cerca, podemos ir andando.

Fernando terminó su cerveza y ambos hombres se levantaron. Salieron del recinto del bar y anduvieron cerca del paseo de la playa. Llegaron al local de Adolfo y entraron en la oficina. Adolfo saludó a la **secretaria** y a sus trabajadores y siguieron hacia el pequeño puerto.

Ahí estaba. El barco de Adolfo en el pequeño puerto. Un barco blanco, grande y muy moderno. Parecía que tenía alta tecnología.

—Lo veo demasiado moderno para mí —dijo Fernando.

—¡Qué va! —contestó Adolfo—. Es muy fácil navegar con él. Ven conmigo, **te voy a enseñar**.

Fernando y Adolfo entraron en el barco y fueron donde estaban los mandos del barco. Adolfo fue explicando a Fernando poco a poco cómo se navegaba. Fernando aprendió muy rápido.

—¿Ves? —dijo Adolfo—. No es tan difícil, ¿a que no?

—La verdad es que no. Su **manejo** es bastante sencillo.

—¿Quieres probarlo ahora?

–**Me gustaría**, sí.

El barco se encendió y los dos hombres comenzaron a navegar cerca de la playa. Fernando notaba el aire fresco ensu cara. Era un buen día.

Anexo del capítulo 1

Resumen

Fernando era un hombre jubilado. Quería divertirse y ver la playa, así que cogió su coche y viajó a la playa. Allí, vio un bar al aire libre. Pidió una cerveza y un hombre llamado Adolfo comenzó a hablarle. Alquilaba barcos y tenía uno muy grande y muy moderno. Los dos hombres fueron al barco y comenzaron a navegar.

Vocabulario

- **el jubilado** = retired
- **el cielo** = sky
- **todo lo que podía** = all he could
- **el empresario** = businessman
- **por eso** = for this reason
- **las vistas** = views
- **la costa** = coast
- **temprano** = early
- **la terraza** = terrace
- **la cerveza** = beer
- **el hielo** = ice
- **bañándose** = taking a bath
- **vacaciones** = holidays
- **quédate con el cambio** = keep the change
- **formalmente** = formally
- **¿A qué te dedicas?** = What's your job? What do you do?
- **no era mi intención** = it wasn't my intention
- **tomando el sol** = sunbathing
- **navegar** = navigate, sail

- **el precio** = price
- **llegaron a un acuerdo** = they reached an agreement
- **los mandos** = control
- **la secretaria** = secretary
- **te voy a enseñar** = I'll teach you
- **el manejo** = driving, controls
- **me gustaría** = I'd like that

Preguntas de elección múltiple
Seleccione una única respuesta por cada pregunta

1. ¿En qué trabajaba Fernando?
    a. Empresario
    b. Taxista
    c. Camarero
    d. No trabajaba

2. ¿Qué tiempo hacía?
    a. Nieve
    b. Lluvia
    c. Sol
    d. Tormenta

3. ¿Cuánto pagó Fernando en total por la cerveza?
    a. 2 €
    b. 3 €
    c. 4 €
    d. 5 €

4. ¿En qué trabajaba Adolfo?
    a. Vendía coches
    b. Alquilaba coches
    c. Vendía barcos
    d. Alquilaba barcos

5. A Fernando le gustaba la tecnología.
    a. Verdadero
    b. Falso
    c. No se sabe

Soluciones capítulo 1

1. d
2. c
3. d
4. c
5. b

Capítulo 2 – Un viaje improvisado

Fernando y Adolfo viajaron en el barco. Fernando no estaba **convencido** al principio, pero después sí.

—Me gusta mucho este barco. Es muy fácil de manejar y muy fácil de entender.

—¿Entonces quieres alquilarlo para un viaje?

—Estoy pensando en comprarlo.

Adolfo estaba bebiendo un refresco y paró **al instante**.

—¿Comprarlo?

—Efectivamente. Me gusta mucho este barco.

Adolfo no contestó durante varios segundos y Fernando al final, preguntó:

—¿Qué pasa?

—El barco solo es de alquiler. **No está en venta**.

—Vaya... Es una pena.

—Pero siempre puedes alquilarlo todo lo que quieras.

—Es suficiente.

Navegaron durante varias horas. Hablaron de sus vidas y de muchas otras cosas. La costa se veía **a lo lejos**, no querían ir más lejos.

—Tengo una proposición que hacerte, Fernando.

—¿Alguna aventura más?

—Es posible. ¿Qué tal si navegamos más lejos por la costa? Nunca voy tan lejos. Quiero visitar los diferentes pueblos de la costa.

—A mí me parece bien. **Cuando quieras**.

—¡**Vamos allá**!

El barco navegó muy rápido, pero seguían cerca de la costa. Pasaron cerca del primer **pueblo**.

Fernando dijo:

—Este pueblo... ¿Cuál es?

—Es el pueblo más cercano que está en la costa. Hay un bar muy grande, igual que el pueblo donde nos hemos conocido.

—¿También es un pueblo turístico? ¿Has estado aquí, Adolfo?

—Sí, aquí también hago negocios para alquilar mis barcos. A la gente le gusta mucho navegar en barco y ver toda la costa, no solo bañarse en la playa. Vamos a navegar al siguiente.

Vieron el segundo pueblo en la costa. Este pueblo era algo diferente al anterior.

—¿Y este pueblo, Adolfo?

—Este pueblo es un pueblo de pescadores. No es un pueblo turístico. Aquí hay muchos pescadores que **se ganan la vida** pescando. Generaciones enteras de familias que pescan, venden el pescado y ganan dinero así.

—¿Aquí también alquilas barcos?

—Aquí normalmente no. Yo alquilo barcos en los pueblos turísticos. Estos pescadores **ya conocen** toda la costa.

—Tiene lógica.

Navegaron un poco más y el pueblo de pescadores ya no se veía a lo lejos. Ahora sólo había costa. No había playas, solo rocas y **árboles**.

—¿Dónde vamos ahora? —preguntó Fernando.

—El tercer pueblo es un pueblo turístico, pero también es un centro de negocios. ¿Tú fuiste empresario?

—Sí, yo hacía muchos negocios, pero ahora estoy jubilado. Lo único que quiero es viajar y descansar.

—Bueno, no vamos a hacer muchos negocios en este pueblo. Pero necesitamos **provisiones**.

—Ja, ja, ja. Entiendo. Supongo que puedo hacer ese negocio.

El barco navegó hasta el puerto del tercer pueblo. Allí, **ataron** el barco y lo apagaron. Salieron para hablar con el dueño de una tienda. La tienda tenía **todo tipo de objetos y utensilios**.

—Buenos días, George —dijo Adolfo.

—¡Bueno, bueno! ¡Adolfo! ¿Qué tal estás, amigo? —dijo George con un acento extranjero.

—**Te presento a** Fernando, mi nuevo amigo y cliente.

—**Un placer**, Fernando. En fin, ¿qué queréis?

—Queremos un poco de todo para el barco.

Adolfo explicó a George que querían muchas provisiones: comida, agua, pequeñas **herramientas** para reparar cosas...

George hizo cálculos y dijo el precio a Adolfo:

—Son 25,30 €, por favor.

—Aquí los tienes.

—Muchas gracias.

Antes de salir de la tienda, Adolfo preguntó a George:

—Oye, George. Queremos viajar y navegar un poco más por la costa. Sabemos que aquí cerca hay muchos pueblos, pero no sabemos exactamente cuáles. Queremos una aventura nueva. ¿Conoces algún pueblo interesante?

George se quedó pensando y dijo:

—Ahora mismo **no se me ocurre nada.**

—Piensa, George —dijo Adolfo.

—**Dame un momento.**

George sacó un libro que tenía en un **armario** y empezó a **pasar páginas.**

Puso el **dedo** encima de una fotografía de un **faro**.

—Esto es interesante —dijo George.

—¿Qué es interesante? —respondieron Fernando y Adolfo a la vez.

—Aquí hay un pueblo con un faro. Está a media hora de viaje desde aquí, pero es difícil llegar allí. Y hay algo extraño.

—¿El qué?

—Nadie ha venido a comprar nada desde hace dos años. Igual está abandonado.

—Parece que es nuestra aventura, Fernando —dijo Adolfo.

—Me parece bien.

George cerró el libro y volvió a ponerlo **donde estaba.**

—¿Vais a ir al pueblo del faro?

—Sí, esa es la idea —respondió Adolfo.

—Buen viaje, entonces.

—Gracias por todo, George. **¡Hasta más ver!**

Fernando y Adolfo volvieron al barco y dejaron todas las **bolsas** con las nuevas herramientas y los nuevos utensilios. Adolfo encendió el barco y el barco comenzó a hacer ruido.

Fernando le preguntó a Adolfo:

—Oye, Adolfo. **¿Qué crees** que hay en el pueblo del faro?

—No lo sé. Eso vamos a ver ahora.

—Una aventura improvisada.

—¡Exacto!

Anexo del capítulo 2

Resumen

Fernando y Adolfo siguen navegando. Viajan por la costa, cerca de ella. Primero visitan otro pueblo turístico y hablan de sus vidas. Después visitan un pueblo de pescadores. Finalmente, compran provisiones en un pueblo de turistas y negocios. George, el tendero, les dice que hay un pueblo con un faro que pueden visitar. Fernando y Adolfo navegan a ese pueblo.

Vocabulario

- **improvisada** = improvised
- **convencido** = convinced, be certain
- **al instante** = right away, instantly
- **no está en venta** = it's not for sale
- **a lo lejos** = in the distance, far away
- **cuando quieras** = whenever you want
- **¡Vamos allá!** = Let's go!
- **el pueblo** = village, town
- **se ganan la vida** = earn their living
- **ya conocen** = already know
- **los árboles** = trees
- **las provisiones** = supplies
- **ataron** = tied
- **todo tipo de** = all kinds of
- **los objetos** = objects
- **los utensilios** = tools
- **te presento a** = I introduce you to...
- **un placer** = a pleasure
- **las herramientas** = tools

- **no se me ocurre nada** = I can't think of anything
- **dame un momento** = give me a moment
- **el armario** = closet
- **pasar páginas** = turn pages
- **el dedo** = finger
- **el faro** = lighthouse
- **donde estaba** = where it was
- **¡Hasta más ver!** = See you!
- **las bolsas** = bags
- **¿Qué crees?** = What do you think?

Preguntas de elección múltiple
Seleccione una única respuesta por cada pregunta

6. ¿Se puede comprar el barco?
    a. Sí
    b. No
    c. Según las condiciones

7. ¿Qué tipo de pueblo es el primer pueblo que visitan?
    a. De negocios
    b. Turístico
    c. De negocios y turístico
    d. De pescadores

8. ¿Qué tipo de pueblo es el segundo pueblo que visitan?
    a. De negocios
    b. Turístico
    c. De negocios y turístico
    d. De pescadores

9. ¿Qué tipo de pueblo es el tercer pueblo que visitan?
    a. De negocios
    b. Turístico
    c. De negocios y turístico
    d. De pescadores

10. ¿Dónde van Fernando y Adolfo al final?
    a. Al pueblo de la playa
    b. Al pueblo de pescadores
    c. Al pueblo del faro
    d. Se quedan en el pueblo de la tienda

Soluciones capítulo 2

6. b
7. b
8. d
9. c
10. c

Capítulo 3 – El faro

Navegaban por el mar **tranquilamente**. Ya casi era de noche y los colores del cielo eran diferentes. El cielo seguía azul pero el sol ya no calentaba tanto. Fernando estaba sentado mirando el mar y Adolfo estaba leyendo varios libros. Fernando **sentía curiosidad**, **por lo que** se levantó y fue a hablar con Adolfo:

—¿Qué estás leyendo? —dijo Fernando **mientras** se sentaba **a su lado**.

—Estoy buscando información sobre el pueblo del faro. Hay varias cosas que no entiendo. Los libros hablan muy poco sobre este pueblo.

—¿Y debido a qué?

—No sé la **razón**, por eso estoy leyendo e intentando sacar toda la información que puedo de estos libros.

Fernando cogió uno de los libros y **se titulaba así**:

«Información sobre los pueblos de la costa, volumen 2».

—¿Este libro qué dice? —preguntó Fernando.

—Nada en especial. No mucho más de lo que nos ha dicho George —respondió Adolfo.

—¿Qué **datos** hay?

—Dice que era un pueblo pequeño, de unos 100 o 200 habitantes.

—Vaya, sí que es pequeño.

—**En efecto.**

Fernando siguió mirando el libro y leyó algo interesante.

—Mira, Adolfo, **he encontrado** algo interesante en el libro. **Quizás** no has leído esto, porque está escrito con **letra muy pequeña.**

—¿Qué dice?

—Dice que el pueblo está abandonado **desde hace varios años.**

—¿Hace cuántos años exactamente?

—Pues... 2 años.

—Exactamente lo que ha dicho George. Nadie compra herramientas ni utensilios desde hace dos años.

—Tenemos que averiguar por qué está abandonado, Adolfo.

Adolfo cerró su libro y Fernando siguió leyendo más cosas del suyo:

—Aquí también dice que es difícil **acceder** al pueblo. Hay muchas rocas y **precipicios** y es peligroso ir en barco. Esa es la razón por la que hay un faro.

—No te preocupes, Fernando. **Si se rompe** el barco, **la culpa será mía.**

—Ja, ja, ja, ja. Entonces de momento no lo alquilo.

Fernando también cerró su libro y se lo dio a Adolfo. Guardaron los libros y navegaron durante media hora. Al final, vieron las rocas y los precipicios.

—Bueno —dijo Adolfo—, **esto va a ser interesante**.

—Ten cuidado, Adolfo.

—No te preocupes, sé navegar muy bien.

El barco **chocaba** contra rocas pequeñas y se movía mucho. El agua entraba en el barco. El barco se movía **cada vez más.**

—¡**Agárrate**, Fernando!

El barco se movía **violentamente**, pero después de cinco minutos llegaron a un pequeño puerto.

—Estoy viejo para esto —dijo Fernando.
—¿No querías una aventura? ¡Y encima gratis!

Fernando se rió mucho y Adolfo también.

Ambos ataron el barco al puerto abandonado y salieron de él. Allí, las aguas estaban **calmadas.**

Era un pueblo pequeño. Había muchas casas **de madera**, pero no había ninguna persona. También había un pequeño barco de madera con sus **remos**. Y el faro estaba en la colina. La colina era muy alta y muy grande, pero el faro no funcionaba. No tenía **luz**.

—Vamos a hacer una cosa —dijo Adolfo—, vamos a explorar las casas. Igual encontramos algo útil. No hay más barcos, solo ese pequeño barco de madera.
—Vale, vamos a explorar, tú primero.
—¿Tienes miedo?
—¡**Qué va**! Simplemente no quiero quedarme **cojo**.

Adolfo sonrió y comenzó a andar. En el centro del pueblo, había una casa muy grande, también de madera. Era la casa más grande del pueblo, y también era mucho más grande que algunas casas del pueblo de pescadores. Adolfo abrió la puerta y entró dentro.

—Parece la casa donde se **reunía** el pueblo —dijo Fernando.
—Seguramente era eso.
—**Tiene que haber** información de por qué el pueblo está abandonado.

Fernando buscó **pistas** por las habitaciones. Leyó informes viejos, libros y marcas **de cualquier tipo**. Diez minutos después, Fernando y Adolfo hablaron. No habían encontrado nada.

—Vamos al faro —dijo Adolfo.

Subieron por la colina y allí estaba. El faro estaba viejo, pero no estaba **destruido.** Entraron dentro y desde allí arriba se veía todo el pueblo. La casa grande de madera parecía más pequeña desde allí arriba. También se veían todas las demás casas, el barco moderno de Adolfo y el barco pequeño.

Adolfo encontró el último **informe** del faro.
—Mira, Fernando. El último informe del faro. Voy a leerlo:
«Abandonamos el pueblo **definitivamente.** La colina y los precipicios no son seguros. Las rocas están cayendo encima de las casas. Nos vamos».
—¡Esa es la razón! —gritó Fernando—. Las rocas caen sobre las casas. La gente tenía miedo y se marchó del pueblo.

Sin previo aviso, el faro comenzó a romperse y las rocas tragaron a Adolfo.
—¡Adolfo! ¡Adolfo! —gritó Fernando.

Fernando no le vio. La mitad del faro se rompió, pero él no se cayó.
—¡Oh, no! ¡Oh, no, no, no!

Fernando sabía navegar con el barco moderno. Bajó hasta el puerto. No vio a Adolfo. Intentó llamar por radio y pedir ayudar pero no había **señal**. Comenzó a navegar y **atravesó** las rocas **difícilmente**.

Llegó al pueblo de George y entró en su tienda. Fernando estaba **mojado** y su ropa estaba rota.

George le dijo:

—¿Qué ha pasado?

—¡Tenemos que pedir ayuda!

Tres horas después, varios **guardacostas** comenzaron a buscar a Adolfo por el pueblo abandonado y por el mar. No encontraron nada. Fernando estaba muy triste. Fue hasta el barco de Adolfo y durmió allí. Estaba muy cansado. No podía ayudar a Adolfo.

Sin previo aviso, en medio de la noche, alguien llamó a Fernando. Estaba todo muy oscuro. Fernando no podía ver quién era.

—¿Quién eres?

—¡Soy Adolfo!

—¿Adolfo? ¿Eres tú?

Fernando bajó del barco moderno y vio a Adolfo. También tenía la ropa **destrozada** y no tenía buena cara, pero sonrió.

—¿Cómo has llegado aquí? —preguntó Fernando.

Adolfo señaló el barco de madera.

—En el barco de madera del pueblo. He llegado hasta aquí **remando**. Y creo... Creo que son **suficientes** aventuras por ahora, ¡ja, ja, ja, ja!

Anexo del capítulo 3

Resumen

Fernando y Adolfo viajan hasta el pueblo del faro. El viaje es difícil porque hay muchas rocas. Hay un barco de madera en el pueblo, pero el pueblo está abandonado. Entran en el faro y el faro se rompe. Adolfo desaparece. Fernando vuelve al pueblo de George y pide ayuda. Finalmente, Adolfo aparece en el barco de madera y dice que no quiere más aventuras.

Vocabulario

- **tranquilamente** = calmly
- **sentía curiosidad** = was curious
- **por lo que** = so
- **mientras** = while
- **a su lado** = by his side
- **la razón** = reason
- **se titulaba así** = it was entitled/called
- **los datos** = data, information
- **en efecto** = indeed
- **he encontrado** = I've found
- **quizás** = maybe
- **letra muy pequeña** = very small print
- **desde hace varios años** = for many years
- **acceder** = access
- **los precipicios** = cliffs
- **si se rompe** = if it breaks
- **la culpa será mía** = the fault will be mine
- **esto va a ser interesante** = this is going to be interesting

228

- **chocar** = hit, collide, crash
- **cada vez más** = increasingly
- **agárrate** = hold on
- **violentamente** = violently, wildly
- **calmadas** = calm
- **de madera** = wooden
- **los remos** = oars
- **la luz** = light
- **¡Qué va!** = No way!
- **cojo** = lame (man)
- **reunía** = gathered, met
- **tiene que haber** = there has to be
- **las pistas** = clue
- **de cualquier tipo** = of any/all kinds
- **destruido** = destroyed
- **el informe** = report
- **definitivamente** = definitely
- **la señal** = signal
- **atravesó** = crossed
- **difícilmente** = hardly
- **mojado** = wet, soaked, saturated
- **los guardacostas** = coastguard
- **destrozada** = destroyed, smashed
- **remando** = paddling, rowing
- **suficientes** = enough

Preguntas de elección múltiple

Seleccione una única respuesta por cada pregunta

11. ¿Por qué es difícil navegar hasta el pueblo del faro?
    a. Porque está lejos
    b. Porque hay rocas
    c. Porque no hay luz
    d. Porque no se sabe dónde está

12. ¿Cuánta gente hay en el pueblo?
    a. Una persona
    b. Poca gente
    c. Mucha gente
    d. Ninguna de las anteriores

13. ¿Por qué abandonaron el pueblo sus habitantes?
    a. Porque no había pescado
    b. Porque no había luz
    c. Porque estaba muy lejos
    d. Porque había mucho peligro

14. ¿Qué ocurre en el faro?
    a. El faro se rompe y traga a Adolfo
    b. El faro se rompe y traga a Fernando
    c. La casa de madera se rompe
    d. El faro se enciende

15. ¿Cómo vuelve Adolfo al pueblo de George?
    a. En el barco moderno
    b. Nadando
    c. En el barco de madera
    d. Ninguna de las anteriores

Soluciones capítulo 3

11. b
12. d
13. d
14. a
15. c

FIN

This title is also available as an audiobook.

For more information, please visit the Amazon store.

Thanks for Reading!

I hope you have enjoyed these stories and that your Spanish has improved as a result! A lot of hard work went into creating this book, and if you would like to support me, the best way to do so would be with an honest review of the book on the Amazon store. This helps other people find the book and lets them know what to expect.

To do this:

1. Visit: http://www.amazon.com
2. Click "Your Account" in the menu bar
3. Click "Your Orders" from the drop-down menu
4. Select this book from the list and leave an honest review!

Thank you for your support,

- Olly Richards

More from Olly

If you have enjoyed this book, you will love all the other free language learning content I publish each week on my blog and podcast: *I Will Teach You A Language*.

The *I Will Teach You A Language* blog

Study hacks and mind tools for independent language learners.

http://iwillteachyoualanguage.com

The *I Will Teach You A Language* podcast

I answer your language learning questions twice a week on the podcast.

http://iwillteachyoualanguage.com/itunes

Here's where to find me on social media. Why not get in touch?

Facebook:

http://facebook.com/iwillteachyoualanguage

Twitter:

http://twitter.com/olly_iwtyal